AF368052

MADAME ROLAND

DÉJA PARUS DANS LA MÊME COLLECTION

(Novembre 1926)

DU MÊME AUTEUR :

Les Hommes de bonne volonté.

Un parfait gentilhomme et quelques autres, par Achmed ABDULLAH. Traduit de l'anglais.
(Couronné par l'Académie française)

Juliette ou la gourmandise.

En préparation :

Le Pot de basilic.

COPIE D'UN PORTRAIT DE MADAME ROLAND,

EXÉCUTÉ D'APRÈS NATURE PAR UN DE SES CO-DÉTENUS

(Document communiqué par le général Marillier.)

MADAME ROLAND

PAR

MADELEINE CLEMENCEAU-JACQUEMAIRE

Avec trois gravures hors texte

PARIS

LIBRAIRIE PLON

LES PETITS-FILS DE PLON ET NOURRIT

IMPRIMEURS-ÉDITEURS — 8, RUE GARANCIÈRE, 6^e

A MON AMIE

MADAME MARIE-MARGUERITE BALDENSPERGER

MADAME ROLAND

CHAPITRE PREMIER

L'ENFANT. — LA JEUNE FILLE
(1754-1775)

Mon père tenait son atelier tout près du lieu que j'habitais durant le jour : c'était une pièce agréable qu'on nommerait un salon et que ma modeste mère appelait la salle, proprement meublée, ornée de glaces et de quelques tableaux, dans laquelle je recevais mes leçons. Son enfoncement d'un côté de la cheminée avait permis de pratiquer un retranchement qu'on avait éclairé par une petite fenêtre. C'était mon asyle.

Ce logis, celui de la future Mme Roland, était probablement situé au second étage de la grande maison (1) où l'on avait accès par trois portes : rue de Harlay, place Dauphine et quai de l'Horloge du Palais (2). La rivière coulait sous les fenêtres. Nous nous représentons sans effort ce salon un peu de guingois, sans doute peint en gris, bien éclairé par deux larges croisées qui s'ouvraient sur le jour brumeux et transparent de la vallée de la Seine.

(1) Et non dans la maison où a été posée, en 1880, une plaque commémorative.
(2) L'ancien quai des Morfondus. Voir le plan de Turgot.

5

Les meubles, les glaces, tout cela n'était pas à la dernière mode. Les fauteuils, qui venaient des parents Phlipon, dataient du temps où le roi était encore le Bien-Aimé ; un ou deux portaient même la belle coquille de la Régence. Une ample bergère, simplement foncée de paille, mais garnie de couettes en toile piquée, était peinte en vert d'eau. Les lames du parquet formaient des dessins géométriques et s'entre-croisaient en luisant au soleil. Les rideaux, capricieusement fleuris, se passaient sur les bords, tandis qu'un cartel de bois doré, tout neuf et d'un bon travail, marquait les heures sous un grand nœud en trèfle, parmi les cornemuses.

C'est là qu'une petite fille, qui avait été baptisée vers la fin de l'année 1754 à Sainte-Croix, sa paroisse, des noms de Jeanne-Marie, mais qu'on appelait Manon, grandissait entre un père « robuste et sain » et une mère à « l'âme céleste ».

Des sept enfants qu'ils avaient mis au monde, Gatien Phlipon et Marguerite Bimont, sa femme, n'avaient pu élever que celle-ci. Le ménage était tranquille et prospère.

Ce graveur-ciseleur qui appartenait à Mgr le comte d'Artois, n'était pas à proprement parler un artiste. Le génie ne l'empêchait pas de vivre dans l'aisance. N'ayant pu continuer, à cause des yeux qu'il avait sensibles, à peindre sur émail comme c'était la mode, il se bornait à la gravure, et faisait travailler avec lui plutôt des ouvriers que des élèves. Il était « glorieux », dit sa fille, et, pour satisfaire ses goûts, il achetait et revendait des bijoux d'occasion. Cependant, s'il faisait des affaires avec des marchands, il n'avait pour amis que des peintres et des sculpteurs. Ce n'était peut-être pas un homme *vertueux*, comme on verra plus tard, mais il avait de la droiture et de la bonne humeur. Enfin il aimait bien sa femme qui l'avait épousé par sagesse plutôt que par entraînement et lui avait apporté en dot peu de bien, il est vrai, mais un beau visage, un cœur délicat et un caractère raisonnable.

La petite Jeanne-Marie fut mise en nourrice près d'Arpajon, dans la chaumière d'une villageoise « de bonnes mœurs », qui l'allaita jusqu'à l'âge de deux ans.

Lorsqu'elle revint chez ses parents, c'était une belle enfant dont « les cheveux noirs jouaient fort bien sur un visage animé des plus vives couleurs et qui respirait le bonheur de son âge ». Jusqu'à son dernier jour, elle devait se rappeler avec un frisson le ton froid dont sa tendre mère l'appelait « mademoiselle » lorsqu'enfin il fallait la punir. Le père n'avait pas le même doigté, et s'il s'avisait « de se montrer despote, sa douce petite fille devenait un lion ».

Un jour qu'il lui donnait le fouet, elle lui mordit la jambe de toutes ses forces, et une autre fois qu'il avait essayé, par le même moyen, de lui faire avaler une médecine, elle s'aperçut que toute envie d'obéir était en train de lui passer :

Grands éclats, menaces répétées, seconde fustigation, je sens à l'heure où j'écris, dit-elle (1), l'espèce de révolution et le développement de force que j'éprouvai alors ; mes larmes s'arrêtent tout à coup, mes sanglots s'apaisent, un calme subit réunit mes facultés dans une seule résolution. Je me lève sur mon lit ; je me tourne du côté de la ruelle, j'incline ma tête en l'appuyant contre le mur ; je trousse ma chemise et je m'offre aux coups en silence : on m'aurait tuée sur la place sans m'arracher un soupir.

Son intelligence s'était éveillée avec une ardeur exceptionnelle. A quatre ans elle savait lire et, à partir de ce moment, son instruction, dit-elle, ne devait plus guère donner d'autre peine que celle de pourvoir à sa lecture.

Elle apprit d'abord l'Ancien et le Nouveau Testament, les catéchismes et tout ce qui lui tombait sous les yeux. Elle lut la *Vie des saints*, les *Guerres civiles* d'Appien et un *Théâtre de la Turquie*, et des Mémoires, et des Voyages, et un *Manuel de l'Art héraldique!* Que ne lisait-elle pas ! Il fallut un *Traité des Contrats* pour la rebuter. Mais, vers ses huit ans, elle découvrit dans le *Plutarque* de Dacier l'aliment qui allait satisfaire pendant des années à l'essentiel de ses aspirations et, pendant le carême de 1763, elle emporta pieusement à l'église les *Vies des hommes illustres* en guise de livre d'heures. Ainsi se décida cette vocation républicaine.

(1) Plus de trente ans après.

Sa mémoire etait un sujet d'étonnement pour chacun. Le vieux peintre Guibal, encore en perruque du Grand Siècle, venait alors assez souvent chez les Phlipon. Il avait conclu avec la petite Manon un singulier marché. Il lui faisait des contes comme celui de Tanger « dont le nez était si long qu'il était obligé de l'entortiller autour de son bras quand il voulait marcher », mais c'était à la condition que la jeune écouteuse réciterait ensuite, pour l'ébahissement du vieil homme, le symbole de saint Athanase tout au long.

M. Garat, curé de Saint-Barthélemi, avait tout de suite été très fier de cette paroissienne de sept ans qui, à une question sur le nombre des esprits dans la hiérarchie céleste, avait énuméré avec une imperturbable certitude, les Anges, les Archanges, les Trônes et les Dominations.

Mme Phlipon sortait deux fois par semaine avec l'enfant. Le dimanche, après la messe, elle la conduisait chez Mme Bimont, sa mère, qui était tombée en enfance. La pauvre femme faisait peur à la petite, qui aurait bien voulu se sauver. En revanche, elle aimait beaucoup son autre grand'mère, Mme Phlipon, courte, rebondie et toujours de bonne humeur. M. et Mme Besnard, oncle et tante de Phlipon, régisseurs du fermier général Haudry, faisaient un bon ménage qui, n'ayant pas d'enfants, devait laisser son bien à la petite-nièce. Enfin, Mme Desportes, une cousine bijoutière qui avait de la tête, et Mme Trude, une sémillante personne au pouvoir d'un mari brutal, achevaient, avec le curé Bimont, le tableau de la famille.

Le curé Bimont, le « petit oncle » des *Mémoires*, était un jeune frère de Mme Phlipon. Parmi ces figures de bonnes gens bien effacés, il se distinguait avec un relief particulier au dix-huitième siècle. C'était un jeune prébendier, de joli visage, qui souriait à sa vie plaisante et portait le camail avec grâce. Son indulgence pouvait aller, comme on verra, jusqu'à la facilité. Lorsqu'il fut, plus tard, nommé chanoine à Vincennes, il vécut, sans aucune ambition ecclésiastique, dans l'agréable canonicat où il tenait toujours prête la chambre de cette grande nièce qui, de temps en temps, lui arrivait de Paris tout en pleurs, mais ne repartait que consolée. Il avait pour elle une prédilection où il entrait quelque timidité, et il n'aurait pas osé contredire une personne si incomparable, même lorsqu'elle demandait à sa chanoinie des complaisances un peu fortes.

En attendant il l'avait mise au latin, mais ne se trouva pas assez d'esprit de suite pour la conduire bien loin, ce dont elle fut grandement vexée.

Cette surprenante petite personne était « ravie » lorsqu'on lui découvrait un nouveau sujet d'étude. Des maîtres d'écriture, de géographie, d'histoire, de danse, de musique, développaient ses facultés et son père lui montrait à dessiner. Elle ne se trouvait jamais surchargée de travail ; mais, pour suffire à la tâche, elle se levait à cinq heures du matin tandis que tout dormait. Elle passait une petite « jaquette » (1) et, sans souliers, se glissait dans la chambre de sa mère, où était la table d'étude. D'ailleurs Mme Phlipon avait le bon esprit de ne point la dispenser, pour cela, de faire la ménagère. A huit ans, Manon allait au marché avec sa bonne et savait fort bien écumer le pot ou fricasser un poulet.

L'atelier du graveur touchait au salon, comme nous l'avons dit. On y voyait les outils de l'art et plusieurs morceaux de sculpture. Manon n'y entrait guère, à moins que ne fût présent l'apprenti Taboral qui déjà faisait battre un petit cœur. Mais le soir, quand tout le monde était parti, seule et sans chandelle, elle se mettait à fureter curieusement dans tous les coins.

C'est ainsi qu'elle découvrit une cachette où l'un des ouvriers mettait des livres. Elle s'en emparait et retournait vitement dans son réduit, si étroit qu'il lui fallait grimper par le pied sur le lit à bandeau festonné. La table de bois peint, qui lui servait de bureau, y était nichée sous la lucarne ronde où elle mettait des fleurs et, dans le tiroir en accolade, elle rangeait ses cahiers. C'était là l'Œil-de-Bœuf de cette petite Parisienne intelligente et réfléchie qui, revenue de ses expéditions

---

(1) Casaque d'enfant. On lit dans les *Mémoires* de Mme de Motteville : « Le Roi étant encore à la jaquette fut porté sur son lit de justice par son premier écuyer. »

nocturnes, avalait gloutonnement le livre de l'ouvrier au lieu
de s'endormir. Elle assure qu'en général c'étaient de bons
ouvrages. Cela pourrait nous sembler assez invraisemblable, si
nous n'avions vu la chère Mme Phlipon aller aussi sur la pointe
des pieds vers la cachette pour en surveiller le contenu et y faire
bonnement des emprunts pour son propre compte.

Elle avait la même attitude un peu étrange à l'égard de la
correspondance de sa fille, épistolière précoce :

Sans me demander les lettres que j'écrivais, ma mère était bien
aise que je les lui laissasse voir et notre arrangement à cet égard
avait quelque chose de plaisant. Nous nous étions entendues sans
nous rien dire. Lorsqu'il m'arrivait des nouvelles de ma bonne amie...
je lisais quelques phrases de sa lettre, mais je ne la communiquais
point. Lorsque je lui avais écrit, je laissais sur ma table, durant un
jour, ma lettre pliée et suscrite, sans être cachetée : ma mère ne
manquait guère de saisir un instant pour y jeter les yeux, rarement
en ma présence, ou, s'il lui arrivait de le faire, j'avais aussitôt quelque
raison de m'éloigner.

Une soumission bien tendre répondait, on le voit, à des
ménagements si discrets. La mère possédait assez de tact pour
éviter une humiliation à la jeune créature placée sous sa garde,
mais celle-ci éprouvait assez d'amour pour faire plier, devant
ce qu'elle aimait le mieux, ce qu'il y avait d'inflexible dans un
caractère déjà marqué.

Mais qui donc était cette « bonne amie ». Qui fut la première à faire briller en Manon Phlipon l'intelligence du cœur,
le génie de l'amitié de Mme Roland?

Manon, comme cela était dans la logique de sa nature, traversa vers ses onze ans, une crise de mysticisme chrétien.
Lorsque vint le temps de sa première communion, la zéla-
trice se sentit troublée d'une sorte de délire. Les scrupules
excessifs engendrèrent les projets extrêmes et, un soir après
souper, au cours de ce moment de détente où se reposent
en famille les bonnes gens qui ont fini leur journée, M. et
Mme Phlipon, fort inquiets, virent tout à coup leur sage enfant
se précipiter à leurs pieds en versant un torrent de larmes —

un fleuve eût été insuffisant pour une si grave circonstance.
Celle qui en répandait déjà à l'idée de quitter sa mère pour
une heure, pensait à cueillir la palme du martyre, à se donner
à Dieu enfin, et à entrer au couvent pour y préparer une première communion exemplaire en se consacrant entièrement
aux œuvres de la perfection.

Toute la parenté se récria sur des dispositions si louables.
Mme Phlipon s'informa prudemment, dans le plus grand détail,
avant de fixer son choix sur les Dames de la Congrégation,
rue Neuve Saint-Étienne, faubourg Saint-Marcel. Enfin, au
mois de mai 1765, dans la douzième année de son âge, Manon,
qui n'était plus Manon mais Jeanne-Marie, obéit à l'appel divin
et s'arracha du sein maternel pour franchir la clôture.

Cela dura un an.

Dans cet asile où elle n'éprouva que ravissements, son charme
et sa supériorité la mirent vite à part. Les bonnes sœurs cherchaient à s'attirer ses préférences par toutes sortes d'attentions
et elle s'attacha particulièrement à l'une d'elles, sœur Sainte-
Agathe, bonne et simple fille, qui resta son amie jusqu'au dernier jour.

M. et Mme Phlipon avaient grand soin de rendre visite à leur
fille le dimanche et la menaient au Jardin du Roi (1). La couventine se divertissait à la promenade, pleurait quelque peu
en quittant ses parents, mais retrouvait avec une sorte de
suave réconfort le silence majestueux qui baignait l'obscurité
des cloîtres. Une mélancolie vague, toute pénétrée d'espoirs
célestes, se mélangeait de certitudes ineffables lorsque, abîmée
devant la sépulture de quelque nonne, elle s'obligeait à imaginer
les joies éternelles en se répétant : « Qu'elle est heureuse ! »

Un jour, le bruit se répandit dans le couvent que deux
demoiselles d'Amiens allaient arriver de leur province. « C'était
vers le soir d'un jour d'été ; on se promenait sous les tilleuls...
Les voilà, les voilà ! fut le cri qui s'éleva tout à coup. »

La destinée de Manon Phlipon — nous verrons comment —

____

(1) Le Jardin du Roi devint le Jardin des Plantes au cours de la Révolution.

fut arrêtée à ce moment précis et se présenta devant elle,
sous l'apparence, qui n'avait rien d'effrayant, des demoiselles
Cannet, Henriette et Sophie, deux sœurs de dix-huit et de
quatorze ans. Henriette, vive, farouche, emportée, bon cœur
et mauvais caractère, qu'il « fallait aimer en la grondant »;
Sophie calme, sage comme son nom, laborieuse, raisonneuse, philosophe, la tête froide, le cœur aimant. « Je sentis que je rencon-
trais une compagne et nous devînmes inséparables. Ouvrages,
lectures, promenades, tout me devint commun avec Sophie. »

Au bout de l'année la jeune fille, qui n'avait pu approcher
la Sainte Table qu'à moitié évanouie et soutenue par une des
bonnes sœurs, fit une première communion qui eut quelque
chose de racinien. Ses parents l'emmenèrent et lui apprirent
que sa grand'mère Phlipon la demandait pour quelques mois
chez elle, dans l'île Saint-Louis où elle habitait.

Cette grand'mère était une personne assez pittoresque,
coquette encore à soixante-cinq ans, la démarche fort leste
malgré beaucoup d'embonpoint, l'humeur vive, le propos
joyeux, et ne semblait point vieille à une fille de douze ans.
Elle avait passé son existence de veuve besogneuse chez une
parente éloignée, fort riche, Mme de Boismorel, dont elle avait
élevé les enfants. Un peu d'argent, qui lui était revenu sur le
tard, lui avait permis de se retirer avec sa sœur, la simple et
bonne Angélique.

Manon fut, plus que jamais, admirée et choyée dans cet
intérieur où elle apportait la lumière de sa jeunesse. Mme Phlipon qui avait un penchant pour le monde et qui était prodi-
gieusement fière de sa petite-fille, éprouva bientôt le besoin
de la présenter à l'opulente Mme de Boismorel.

Ce fut une grande toilette dès le matin.

Manon, depuis son enfance, était presque trop bien mise pour
sa condition et sa mère, dont la simplicité tombait parfois dans
la négligence, ne la détournait point des beaux ajustements.

Les jeunes personnes portaient alors « des corps de robes »
très ajustés à la taille et larges au bas comme des manteaux
de cour, avec une traîne et des garnitures compliquées de rubans,
de fleurs et de passementeries. Mme Phlipon ne choisissait

pour sa fille que de belles soieries à rayures éclatantes ou à bouquets frais. La grande coiffure, avec son attirail compliqué, augmentait de beaucoup une dépense que les petits bourgeois de Paris ne songeaient pas à éviter, car ils tenaient à se faire honneur aux fêtes carillonnées, au Premier de l'An, aux Actions de Grâces après une couche, aux *Entrées* de la reine ou des princes, sans parler de la grand'messe et de la promenade des Tuileries le dimanche.

Mais jamais la petite Phlipon n'avait eu, pour revêtir une toilette d'apparat, une aussi remarquable occasion que cette visite chez Mme de Boismorel.

Tôt le matin, car il s'agissait d'arriver au Marais sur le midi, la bonne Angélique, assurant ses lunettes sur son visage osseux et défleuri, avait quitté son éternel tricot pour friser et parer l'enfant.

Dès la porte de l'hôtel, les gens sont là qui s'empressent et font des honnêtetés à Mme Phlipon. Mais voilà que, devant la grand'mère si vaine, les domestiques sont si pleins de bonhomie qu'ils se laissent aller à faire des compliments, et la future démocrate qui, devant cette « scène déplacée... commence à sentir une sorte de malaise », pense que, si « les gens peuvent la regarder, il ne leur appartient point de la complimenter ».

Heureusement, un grand laquais se présente pour annoncer la compagnie, et les trois dames entrent dans un salon magnifique où Mme de Boismorel, majestueusement assise sur un canapé, brode en tapisserie à côté d'un petit chien.

Mme de Boismorel, qui avait bien passé soixante ans, faisait voir dans toute sa personne qu'elle était une dame de qualité. Richement vêtue, courte et lourde, avec de « petites oreilles de lièvre en dentelle », juchées au faîte d'une coiffure en échafaudage, les pommettes frottées d'un triple crépi de rouge, elle parut à Manon — au vrai fort impressionnée — témoigner, plutôt que du désir de plaire, d'une furieuse envie d'être « considérée ».

— Eh ! bonjour mademoiselle Rotisset, s'écria d'une voix haute et froide, Mme de Boismorel, en se levant à notre approche. (Made·

moiselle? Quoi, ma bonne-maman est ici mademoiselle?) Mais, vraiment, je suis bien aise de vous voir! Et ce bel enfant, c'est votre petite-fille? Elle sera fort bien! Venez ici, mon cœur, venez ici à côté de moi. Elle est timide. Quel âge a-t-elle, votre petite-fille, mademoiselle Rotisset? Elle est un peu brune, mais le fond de la peau est excellent. Cela s'éclaircira avant peu ; elle est déjà bien formée !

Dans ce grand salon de Mme de Boismorel, sous la condescendance de compliments qui la blessent, elle sent que ses joues sont en feu, que son sang circule précipitamment, que son cœur l'étouffe. Elle ne se demandait pas encore — écoutez bien — « pourquoi sa bonne-maman n'était pas sur le canapé et Mme de Boismorel dans le rôle de Mlle Rotisset, mais elle avait le sentiment qui conduit à cette réflexion et vit terminer la visite comme on reçoit un soulagement à l'instant de la souffrance ».

Elle devait oublier ce mauvais souvenir lorsque le fils de Mme de Boismorel, ce sympathique Roberge que Mme Phlipon avait élevé, eut la bonne pensée de mettre sa bibliothèque à la disposition de la jeune savante.

Manon rentra chez ses parents après une année. Mais elle laissa un peu de son cœur dans la belle île Saint-Louis d'où elle avait aimé à contempler la rivière toujours en fuite, la campagne toujours au repos.

Enfant de la Seine, c'était toujours sur ses bords que je venais habiter... Combien de fois, de ma fenêtre exposée au nord, j'ai contemplé avec émotion les vastes déserts du ciel, sa voûte superbe, azurée, magnifiquement dessinée, depuis le levant bleuâtre loin derrière le Pont au Change, jusqu'au couchant doré d'une brillante couleur aurore derrière les arbres du cours et les maisons de Chaillot !

Studieuse et monotone, pénétrée de douceur familiale, coupée par les leçons, la vie, la « bonne vie » de Montaigne, avait repris comme autrefois au Quai de l'Horloge. Du reste Manon était d'humeur sévère et, dédaignant les plaisirs de son âge, pensait qu'une jeune personne ne peut accepter « une partie de jeu ou même l'exercice de la danse » que lorsqu' « on l'exige et qu'il est modérément pris ».

Voici comment elle fait son portrait :

A quatorze ans... j'avais environ cinq pieds ; ma taille avait acquis toute sa croissance ; la jambe bien faite, le pied bien posé, les hanches très relevées, la poitrine large et superbement meublée, les épaules effacées, l'attitude ferme et gracieuse, la marche rapide et légère : voilà le premier coup d'œil. Ma figure n'avait rien de frappant qu'une grande fraîcheur, beaucoup de douceur et d'expression. A détailler chacun des traits on peut se demander : où donc en est la beauté? Aucun n'est régulier, tous plaisent. La bouche est un peu grande, on en voit mille de plus jolies ; pas une n'a le sourire plus tendre et plus séducteur. L'œil, au contraire, n'est pas fort grand, son iris est d'un gris châtain, mais placé à fleur de tête, le regard ouvert, franc, vif et doux, couronné d'un sourcil brun comme les cheveux et bien dessiné, il varie dans son expression, comme l'âme affectueuse dont il peint les mouvements ; sérieux et fier, il étonne quelquefois, mais il caresse bien davantage et réveille toujours. Le nez me faisait quelque peine, je le trouvais un peu gros par le bout ; cependant, considéré dans l'ensemble et surtout de profil, il ne gâtait rien au reste... Le front large, nu, peu couvert... Quant au menton assez retroussé, il a précisément les caractères que les physionomistes indiquent pour ceux de la volupté ; lorsque je les rapproche de tout ce qui m'est particulier, je doute que jamais personne fût plus faite pour elle et l'ait moins goûtée. Le teint vif plutôt que très blanc, les couleurs éclatantes... la peau douce, le bras arrondi, la main agréable sans être petite... des dents fraîches et bien rangées, l'embonpoint d'une santé parfaite, tels sont les trésors que la nature m'avait donnés.

Avant tout, elle a besoin de sympathie, mais éprouve le plus grand scepticisme à l'égard des « politesses fades » et de « l'encens au nez » que l'on reçoit dans le monde. Elle est trop avisée pour ne pas avoir vu que l'on se moque des femmes qui prennent au sérieux « les fadaises et les flatteries ».

Son père lui avait mis aux doigts le burin et les onglettes mais elle trouvait aussi peu intéressant de graver « les bords du boîtier d'une montre » que de « friser un étui » et elle renonça définitivement à un travail auquel elle ne se trouvait pas propre. En revanche elle lisait avec passion, aussi bien les

Pères de l'Église que les mythologues et les historiens ; Pascal que Locke et Montesquieu ; Voltaire que Diderot, Raynal et d'Alembert — mais non pas Rousseau, que sa prudente mère avait tenu éloigné.

Elle ne le lut que plus tard et s'en félicita : « Il m'eût rendue folle. Je n'aurais voulu lire que lui, » dit-elle dans ses *Mémoires*. En revanche elle « court au Siam » avec M. Turpin, s'instruit en physique avec l'abbé Nollet et en mathématiques avec Maupertuis.

J'ai une imagination vorace à laquelle il faut continuellement des aliments et des aliments forts et substantiels. Pour l'occuper, j'ai trouvé un expédient qui me réussit ; je me suis jetée dans l'algèbre et la géométrie. Pourquoi tant de peines? C'est que vraiment une aiguille ne m'occupe pas suffisamment.

D'ailleurs elle « respecte l'opinion et n'aura garde de faire la savante ». A aucun moment de sa vie — si ce n'est dans les derniers jours — elle ne songea à devenir écrivain, car elle pensait qu' « une femme-auteur est toujours ridiculisée ».

Elle se trouvait heureuse.

Parfois elle sortait avec son père pour aller aux expositions de tableaux où il aimait à faire voir une jeune personne fraîche et parée, qui lui valait des regards flatteurs, souvent fort insistants. Manon retrouvait là des visages de connaissance. Depuis quelque temps, en effet, elle entrait dans l'atelier de gravure lorsqu'elle savait y rencontrer des hommes de mérite tels que le graveur Desmarteau, Jollain, peintre de l'Académie, Lépine, élève de Pigalle, Falconet le fils, et Latour qui avait peut-être fait le portrait de Phlipon et de sa femme (1). Un jour, au salon du Louvre, un homme de visage régulier quoique un peu fade, dont l'exposition triomphait, la trouva en extase devant un des tableaux qu'il avait envoyés. C'était Greuze : — « Ah ! monsieur, lui dit-elle avec sensibilité, si je n'aimais la vertu, il m'en donnerait le goût ! »

C'est alors que M. et Mme Phlipon s'entendirent avec le

(1) Musée de Lyon (?).

chanoine Bimont pour initier leur fille aux usages de Versailles.

Le « petit oncle » connaissait une des femmes de la Dauphine qui occupait avec orgueil, sous les toits du château, un chétif appartement de deux pièces. Manon au lieu d'admirer, comme eût fait toute autre, les pompes qui, pendant une semaine, s'étalèrent à ses yeux, s'indigna, au contraire, qu'elles eussent « pour objet de relever quelques individus déjà trop puissants et fort peu remarquables par eux-mêmes ».

Mme Phlipon, sans faire grand cas des mordantes critiques qui tourbillonnaient dans la tête chaude de sa fille, lui demanda bonnement si elle était contente de son voyage :

— Oui, pourvu qu'il finisse bientôt, répondit-elle. Sinon je détesterais si fort les gens que je vois, que je ne saurais que faire de ma haine.

— Quel mal te font-ils donc?

— Sentir l'injustice et contempler à tous moments l'absurdité.

Et le soir, revenue avec soulagement à la petite table de l'Œil-de-Bœuf, elle écrit à Sophie Cannet :

Un roi bienfaisant... oui, peut-être... mais si on m'eût donné le choix du gouvernement, je me serais déterminée par caractère pour une république.

Une lettre du 17 mai 1775 fait déjà sentir que la Révolution s'avance et menace. Un autre jour, la jeune fille fait le récit d'une émeute ou conte que sous les propres fenêtres des Phlipon, un malheureux a été soumis au supplice de la roue. La populace s'y pressait tandis que Manon étouffait et tremblait de révolte. Toute aux grands exemples de Rome et d'Athènes, elle était bien fâchée d'être Française. Son Plutarque lui montait à la tête. C'était le début de cette fièvre spartiate ou romaine qui régna comme une épidémie sur la fin du dix-huitième siècle et mit la Révolution sous l'invocation d'un manuel classique, jusqu'au jour où l'idéalisme aux abois ne chercha de modèles dans l'antiquité que pour les trépieds fumants et les bandeaux du Sacre.

Manon écrivait à « sa chère Cannet » régulièrement une ou deux fois par semaine. Le programme était une entière confiance. « Rien ne doit être caché aux yeux d'une amie tendre et sage. » Le mode est lyrique. Manon aspire au style soutenu et ne craint pas l'imparfait du subjonctif. « La vertu l'attire. Le vrai et le sérieux sont ses buts ». Elle « recherche les ornements de l'esprit ». Elle n'aime la conversation que lorsque « l'histoire, les sciences et les nouvelles en font le sujet ». En compagnie, elle est silencieuse. Les hommes disent d'elle : « C'est une dévote. » En effet, à cette époque, son confesseur la domine. Elle est si éloignée de toute dissipation qu'à son sens, on ne doit rendre quelques visites, que pour l'amour du bon Dieu, « car enfin il faut se vaincre, se mortifier, lorsque l'on veut être chrétien ».

Son rêve est « une petite maison à la campagne, placée tout auprès d'une église, accompagnée d'un jardin, où l'art seconderait la nature sans prétendre la surpasser. Quoi encore?... Une bonne bibliothèque... et Sophie ».

Elle brode en tapisserie ou fait du filet selon « la fureur du jour. »

Sa mère lit à haute voix.

Il arrive pourtant que Manon se rende infidèle à sa solitude.

Elle conte une visite dans une « société littéraire » où un jeune auteur est en train de réciter, quand elle arrive, un petit poème « assez méchant ». Fille d'Alceste par plus d'un trait, elle apparaît naturellement caustique dans son récit, et la flèche décochée « aux vieilles marquises qui viennent encore écouter avec plaisir le langage des passions » rappelle, comme on l'a remarqué, la vive et intelligente Staal-Delaunay.

Au Wauxhall, elle eut en détestation « ces joues fardées où se trouvait plutôt empreinte une ardeur criminelle que le doux vernis de la pudeur » et, à l'Opéra, son bon sens lui fit fort bien sentir le ridicule des danseurs en paniers.

Le plus grand plaisir des Phlipon était d'aller passer la journée à la campagne. Manon avait un penchant pour les bois sauvages qui recouvraient les collines de Meudon. Le samedi soir, parfois, le papa disait avec un air un peu malicieux :

— Où irons-nous demain, s'il fait beau ? A Saint-Cloud les eaux doivent jouer. Il y aura du monde.

— Ah ! si vous vouliez, s'écriait la jeune fille, si vous vouliez aller à Meudon, je serais bien plus contente !

Le lendemain matin, dès cinq heures, la famille, en habits légers, se rendait au pont Royal et s'embarquait sur le coche d'eau. Les dames portaient des voiles de gaze. Manon tenait à la main les *Odes* de Jean-Baptiste Rousseau. A Bellevue, il fallait gravir des sentiers escarpés avant de trouver à se rafraîchir d'une jatte de lait chez quelque aimable villageoise.

Puis c'était la découverte de sites virgiliens et de retraites cachées d'où Manon suivait des yeux la biche qui, d'un pas hésitant, traversait la clairière. Les promeneurs enfin trouvaient à souper chez un bon vieillard auquel Manon, à tout hasard, témoignait sa vénération. Il apportait ses légumes et ses œufs sous un berceau de chèvrefeuille et, pendant que les parents goûtaient sur la fougère un repos bienfaisant, la jeune Manon composait des vers, « enfants irréguliers, mais faciles et parfois heureux, d'une âme pour qui tout était vie, tableau, félicité ».

Elle avait dix-huit ans lorsque, M. et Mme Phlipon n'ayant pas voulu consentir à la faire inoculer, elle tomba malade de la petite vérole dont elle guérit, par chance, sans cicatrices. Demeurée cependant fort languissante, elle fut conduite à la campagne chez sa grand'tante Besnard qui, avec d'autres petites gens, logeait dans le vieux château de Soucy à Fontenay, chez le fermier général Haudry. La belle-mère de celui-ci, Mme Penault, invita chez elle la jeune convalescente. Mme Penault, il semble que Manon prononce ce nom bien roturier avec je ne sais quel accent de revanche qui signifie : « Enfin je suis ici sur mon terrain et mon Phlipon vaut bien son Penault. »

Cependant une mortification sensible l'attendait à Soucy. Priée à souper avec sa mère et sa tante, qu'éprouva-t-elle quand elle vit que c'était à l'office et de la desserte des maîtres ! Bien des amertumes, et même des duretés de la future Mme Roland, levèrent sans doute de la graine semée ce jour-là.

Dans l'hiver qui suivit, Mlle Phlipon, invitée chez la femme

du sculpteur Lépine, grande musicienne qui donnait une fois
par semaine de bons concerts d'amateurs, y rencontra un débu-
tant dans les lettres nommé Pahin de la Blancherie. Bien que
« petit, brun, assez laid », ce jeune homme, plein de suffisance,
sut un moment lui en imposer assez pour lui faire croire à son
mérite et même lui inspirer bientôt un de ces absurdes sentiments qui portent les grandes filles, ivres de leur jeunesse, à
combler le vide de leur cœur avec la première image venue.
Elle fut même assez imprudente et on verra qu'il ne faut pas
trop se fier au passage des *Mémoires* qui rapporte les agita-
tions sentimentales du cœur de Manon avant le mariage.

Dès l'âge de quinze ans, il faut dire qu'elle avait eu de nombreux prétendants. Ses professeurs mêmes s'étaient enflammés
pour elle. Des demandes écrites parvenaient à son père et
c'était elle qui, pouffant de rire en « faisant le papa », écrivait
de belles réponses bien circonspectes. Honnête et droite par
instinct, elle écrivait à Sophie :

Je ne veux pas me mettre dans le cas de trouver un jour des
objets plus aimables pour moi que mon époux.

Son mariage éventuel fut l'occasion de quelques désaccords
entre le père et la fille. Celui-ci désirait établir la savante
Manon dans un bon commerce, et elle, qui ne voyait dans cette
carrière qu' « avarice » ou « friponnerie », ne voulait en entendre
parler à aucun prix. Toute la jeunesse du quartier, jusqu'au
boucher qui avait la pratique des Phlipon, la demanda en
mariage. Mais elle ne faisait qu'en rire. Le pauvre père était
fort inquiet. Quand elle parlait d'union des cœurs, de supériorité par le caractère et l'esprit, il n'y comprenait rien et
répondait, tout désorienté : « Il te faudra quelque avocat...
Les femmes ne sont pas trop heureuses avec ces gens de cabinet.
Ils ont de la morgue et fort peu d'argent !... Tu t'es rendue
bien difficile... »

Cependant, quand elle s'interrogeait sérieusement, elle se
trouvait plus d'inquiétude que d'ironie. Elle s'avouait que,
vivant si retirée, elle n'avait pas grand'chance, avec ses vingt
mille livres en dot, de rencontrer l'homme supérieur que ses

goûts d'esprit exigeaient. Un médecin, dont l'état du moins lui avait plu, la rebuta, dès qu'elle eut sournoisement remarqué qu'avec sa robe noire et sa perruque « il avait l'air beaucoup plus propre à conjurer la fièvre qu'à la donner ».

Un brave homme de bijoutier crut se rendre agréable en déclarant que, le mérite de la future lui étant bien connu, il saurait se ranger à ses avis et se sentait même déjà disposé à lui permettre de nourrir ses enfants. Il avait touché Mme Phlipon qui disait à sa fille : « Tu le conduirais. » Mais celle-ci se débattait et, ne se sentant pas mieux faite pour la domination que pour l'esclavage, disait-elle, s'étonnait de l'insistance de sa mère.

Vivant toujours près d'elle, elle ne remarquait pas que, depuis quelque temps, la pauvre femme semblait dépérir.

La vérité était qu'une première attaque de paralysie avait été baptisée rhumatisme. Mme Phlipon se sentait perdue et craignait de laisser Manon seule, à vingt ans, avec un père encore jeune, dont l' « inconséquence » lui était trop connue. Depuis quelque temps il désertait souvent le logis morose d'une femme qui souffrait et d'une fille qui s'alarmait.

Une dernière promenade à Meudon parut encore une fois réunir la famille dans de communs sentiments et rendre un peu de vie à la malade.

Mais un jour, Manon, qui était allée avec sa bonne visiter Sainte-Agathe à la Congrégation, se sentit brusquement assaillie d'anxiétés inexplicables et rentra en courant.

Mme Phlipon, frappée d'une nouvelle attaque d'apoplexie, gisait sans paroles dans son fauteuil et mourut en quelques heures. La jeune fille, terrassée par un désespoir effrayant, perdait l'objet qu'elle chérissait entre tous.

Mme Besnard, avec les soins les plus tendres, emmena chez elle la pauvre enfant qui fut pendant quinze jours dans des convulsions dont elle pensa mourir.

— Respectons les décrets du ciel, ma fille, disait Phlipon pour la consoler. Ta mère avait fini son ouvrage qui était ton éducation. Il eût été bien plus fâcheux que ton père fût venu à te manquer car, dès lors, qui eût pourvu à ton avenir?

CHAPITRE II

M. ROLAND DE LA PLATIÈRE
(1775-1780)

> « J'ai choisi Rousseau pour mon bréviaire, Plutarque pour mon maître et Montaigne pour mon ami. »
>
> (Lettre de Manon Phlipon à Sophie Cannet.)

Un après-midi du mois de décembre 1775, Manon Phlipon, encore en deuil, était dans son petit cabinet et mettait la dernière main à une romance qu'elle avait composée sur la mort de sa mère. *L'Héloïse* tout ouverte était sur ses genoux et une lettre à Sophie, commencée depuis la veille, attendait sur la table.

La bonne, Mignonne, cogna à la porte vitrée et posa sur le pied du lit une lettre qu'un visiteur venait d'apporter :

Cette lettre te sera remise, écrivait Sophie Cannet, par le philosophe dont je t'ai quelquefois fait mention, M. Roland de la Platière, homme éclairé, de mœurs pures, à qui on ne peut reprocher que sa grande admiration pour les anciens aux dépens des modernes qu'il méprise, et le faible de trop aimer à parler de lui.

Un voyageur qui venait d'Amiens, un visiteur accrédité par Sophie, c'était une aimable attention du hasard dans ce jour de froidure et de solitude.

Sans réfléchir qu'elle était « en baigneuse » — car le négligé lui seyait fort bien — la jeune fille se leva avec vivacité et entra dans le salon :

[Je vis] un homme de quarante et quelques années, haut de stature, négligé dans son attitude, avec cette espèce de raideur que donne l'habitude du cabinet ; mais ses manières étaient simples et faciles. Sans avoir le fleuri du monde, elles alliaient la politesse de l'homme bien né à la gravité du philosophe. De la maigreur, le teint accidentellement jaune, le front déjà peu garni de cheveux et très découvert, n'altéraient point des traits réguliers, mais les rendaient plus respectables que séduisants. Au reste, un sourire extrêmement fin et une vive expression développaient sa physionomie et la faisaient sortir comme une figure toute nouvelle quand il s'animait dans le récit ou à l'idée de quelque chose qui lui fût agréable. Sa voix était mâle, son parler bref comme celui d'un homme qui n'aurait pas la respiration très longue ; son discours plein de choses, parce que sa tête était remplie d'idées, occupait l'esprit plus qu'il ne flattait l'oreille ; sa diction était quelquefois piquante, mais revêche et sans harmonie.

— Mademoiselle, dit M. de la Platière, qui ne saluait pas non plus avec beaucoup de grâce, si je m'enhardis à me présenter devant vous, c'est qu'il n'est bruit dans Amiens que de la constance d'une liaison de couvent qui prend, avec les années, un caractère bien respectable. J'ai vu chez votre bonne amie un portrait dont Madame sa mère a pensé qu'elle ne pouvait moins faire que de s'en remettre à lui pour constituer le plus aimable ornement de sa maison. Permettez ce compliment à un homme austère qui, n'étant point dans la coutume d'en adresser à ses semblables, s'honore de ne rien chérir tant que la vertu et accorde un grand prix, quand il les rencontre, aux lumières de l'esprit et à la solidité des principes.

Extrêmement flattée par ce discours, Manon fit un geste de bienvenue et la conversation s'engagea avec une sympathie empressée. Elle se souvenait, à présent, qu'en effet Sophie lui avait quelquefois parlé d'un homme de mérite que sa place d'inspecteur des manufactures de Picardie fixait à Amiens, mais qui venait à Paris tous les ans, et entreprenait même parfois de véritables voyages dans la province ou l'étranger.

Phlipon rentra dans le moment et la conversation s'établit sur l'abbé Raynal, sur Rousseau, sur les voyages, sur le gouvernement.

M. Jean-Marie Roland de la Platière appartenait à une famille du Beaujolais autrefois en possession de grands biens et dont une branche avait été anoblie dans l'échevinage de Lyon.

Il ne lui restait de l'ancien faste qu'une demeure à Villefranche et une maison de campagne bâtie au milieu des vignes, que l'on nommait le Clos.

M. Roland, le père, avait eu, de son mariage avec demoiselle Thérèse Bessye de Montozan, cinq fils dont les quatre premiers étaient dans les ordres, tandis que le dernier, né en 1734, Jean-Marie, — celui qui nous occupe — était avocat au Parlement. Le père mort, en 1747, c'était l'aîné, le chanoine Dominique, qui, devenu chef de famille, faisait valoir les terres. Il habitait la maison paternelle avec sa mère et son frère Laurent. Les deux autres fils, Jacques et Pierre, entrés dans la Congrégation de Cluny, avaient renoncé à leur part de succession.

La profession de Jean-Marie l'avait d'abord conduit à Rouen où il s'était lié avec les chanoinesses Malortie, et à Dieppe, où il avait connu Cousin-Despréaux. Avec eux il avait fondé la société littéraire « des Grecs » où on l'appelait Thalès. Il avait formé, à cette époque, le projet d'épouser Marie-Magdeleine Malortie, une jeune sœur de ses amies qui mourut avant les noces et que, sous le nom de Cléobuline, il avait célébrée dans une sorte de *thrène* adressé à la petite société des « Grecs ».

Mlle Phlipon, lorsqu'elle vit pour la première fois M. de la Platière, avait des préoccupations intimes qui la détournèrent de remarquer qu'il avait prolongé sa visite au delà des bornes habituelles.

Elle venait en effet de se livrer à une manifestation romanesque en écrivant à La Blancherie, son soupirant, une lettre où elle le priait de renoncer à elle puisqu'elle ne pouvait obtenir l'aveu paternel, mais où, en lui déclarant son amour, elle ajoutait qu'elle ne se marierait jamais.

Sans grand appui du côté d'un père de plus en plus indifférent à son foyer, les années qu'elle allait traverser entre la
mort de sa mère et le mariage, devaient être troublées par
des élans, des incertitudes, des témérités, où il faut discerner
un certain goût du risque, peut-être, mais où il serait injuste
de mettre en doute la pureté d'une droite jeunesse. On pourrait, en jouant un peu sur l'orthographe, lui appliquer le mot
de Mme de Sévigné : « Tout est sain aux sains. »

Devenue maîtresse de maison, la jeune fille tenait avec
compétence le ménage de son père, mais elle avait la tête
trop bien faite pour y consacrer inutilement, comme tant
d'autres, les heures qu'elle pouvait réserver à l'étude et à
l'amitié : « On a toujours du loisir quand on sait s'occuper.
Ce sont les gens qui ne font rien qui manquent de temps
pour tout », disait-elle.

Par exemple, le temps ne lui manquait jamais pour écrire à
Sophie Cannet, fût-ce en pleine nuit :

Tu ne soupçonnais pas que, à cette heure où le sommeil sème ses
pavots sur tes yeux, les miens ouverts à la clarté veillent et agissent
sur toi et te consacrent le fruit de leur vigilance.

Son style va peu à peu se débarrasser des lieux communs et des métaphores fatiguées. Bientôt il devient ferme
et franc comme elle. Assurément elle compose ses lettres,
mais c'est par goût du travail bien fait, non avec l'ambition de devenir « une Sévigné ». « Si nous conservons nos
barbouillages, dit-elle avec une insouciance qui n'est pas
feinte, c'est pour nous faire rire quand nous n'aurons plus
de dents. » Ces « barbouillages » tiennent d'ailleurs une place
bien intéressante parmi les correspondances du dix-huitième
siècle.

Malgré son dévouement et son adresse, la jeune fille ne réussissait guère à retenir son père au logis. C'était en vain que,
malgré son aversion pour les cartes, elle s'était condamnée à
jouer au piquet avec lui, sans dire un mot, le soir, à la veillée.
Elle aurait autant aimé à réciter son chapelet et soupirait

d'ennui. Ce n'était cependant pas le plus fâcheux de sa situation ; mais si elle se plaignait de son père en écrivant à Amiens, ce n'était qu'avec beaucoup de dignité et de délicatesse :

Je ne sais comment il se fait qu'à chaque fois que mon père me fournit un sujet de chagrin, j'éprouve un mouvement de tendresse qui semble ne se trouver là que pour aiguiser ma peine.

M. de Boismorel lui apporte un réconfort bien cher.

Sa douce bonhomie le fait ressembler à Catinat, dit-elle... Près de lui l'esprit se sent indépendant et prend une teinte philosophique.

Il l'invite à la campagne, dans sa terre du Petit-Bercy qu'il vient d'acheter. Un jour, ils vont ensemble en pèlerinage à la maison de Rousseau ; une autre fois ils assistent à une séance de l'Académie française où un philosophe, l'abbé de Besplas, sous prétexte de prononcer l'éloge de saint Louis dont c'était la fête, se répand en critiques hardies sur le train du gouvernement.

Manon Phlipon s'était mise à écrire.

M. de Boismorel voulait qu'elle se décidât pour un genre littéraire et abordât franchement un sujet de son choix. Mais elle s'excusait sur son sexe et lui adressait une pièce de vers qui se terminait ainsi :

> Pour, nous le temple de mémoire
> Est dans le cœur de nos amis.

Par malheur, M. de Boismorel mourut prématurément, à quarante-cinq ans. Elle en ressentit une douleur cuisante et — comme toujours quand elle avait des peines — elle alla passer quelque temps à la campagne auprès du chanoine Bimont. « Il me semble que je palpe mon existence, dit-elle alors. Je sens un bien-être analogue à celui d'un arbre tiré de sa caisse et replanté en plein champ. »

D'autres figures d'hommes sérieux et lettrés vont remplacer le « Sage de Bercy » dans le salon du quai de l'Horloge. M. de Cha-

lons, « vieillard spiritualiste », y fréquentait parfois, ainsi que
le bon horloger genevois Moré, le « philosophe républicain »
qui avait toujours un livre dans son sac à outils.

En 1773, un ami de Phlipon, M. Demontchery, avant de
partir pour les Indes où il comptait faire fortune, avait fait
comprendre à Manon qu'à son retour, s'il n'était pas trop
tard, il demanderait sa main. En attendant, il lui avait expédié
de Pondichéry, au mois de janvier 1776, son ami M. de Sainte-
Lette, qui venait en France pour y représenter la colonie au
Conseil.

A soixante ans, M. de Sainte-Lette, qui avait passé sa vie
à la Louisiane et aux Indes, n'en était pas plus avancé dans
ses affaires. A Paris, bien qu'absorbé par ses démarches, il ne
passait guère quatre ou cinq jours sans rendre visite à Manon,
et celle-ci trouvait beaucoup d'agréments dans la société d'un
personnage qui avait couru des aventures si diverses et abordé
des hommes de toutes les couleurs.

« Athée tout franc », Sainte-Lette eut sur elle une puissante
influence et la détacha plus que personne d'une foi qui avait
déjà reçu de sensibles atteintes :

C'était, dit-elle, une âme de feu, de salpêtre et de soufre...
la plus brûlante... l'imagination la plus forte qu'il soit possible
de se figurer... un ami d'Helvétius, un sectateur de Rousseau...
Il avait la démarche fière et le regard de l'aigle... Il est heureux
pour moi, dit-elle, que cet homme n'ait pas eu dix ans de moins.
Je l'aurais aimé plus que je n'eusse voulu.

Cet oiseau de proie tout plein de l'esprit de Satan, est déjà
un modèle de héros romantique et fait penser à certains personnages de George Sand ou de Charles de Bernard. Il avait
un ami dont il faisait grand cas, M. de Sevelinges d'Espagny,
qui était receveur de la ferme du tabac à Soisssons et dont la
femme vint à mourir. Sainte-Lette alla le chercher dans sa
province et, pour faire diversion à la douleur du veuf, le présenta
au quai de l'Horloge.

C'était un gentilhomme de cinquante-deux ans, qui avait
des lettres, et dont la figure méditative intéressa Manon. Ils

se plurent à échanger des idées et, quand M. de Sevelinges quitta Paris, il emportait avec lui certains cahiers de *Loisirs* que sa jeune amie avait désiré de lui soumettre. Sous le couvert du chanoine de Vincennes — Phlipon s'était plaint d'avoir trop de ports de lettres à payer (?) disent les *Mémoires* — une correspondance littéraire puis sentimentale, s'engagea et dura jusqu'au jour où Sevelinges proposa à la jeune fille de venir habiter chez lui, dans un pavillon au fond du jardin, « pour philosopher », disait-il.

Manon ne se tint pas pour avertie et continua l'imprudent dialogue, sans pouvoir démêler où voulait en venir le langage embrouillé de son correspondant.

A son tour elle lui fait une proposition de son cru : ils pourraient se marier, non pas « suivant la règle commune », mais en adoptant, comme elle dit, « le célibat dans le mariage ».

Sevelinges, qu'elle a paru prendre au mot, est bien embarrassé. Il tergiverse, entortille ses phrases, évite la réponse tant qu'il peut. C'était prendre d'ailleurs une peine inutile. La jeune fille commençait à mieux voir en elle-même et l'étoile de Roland se levait à l'horizon.

Depuis plusieurs mois déjà elle s'était, en effet, complètement libérée de La Blancherie dont la médiocrité lui était apparue dès qu'il était entré en comparaison avec des hommes comme Sainte-Lette ou Roland.

Au début du mois de janvier 1776, elle avait adressé des confidences enflammées à la complaisante Sophie :

Sophie, Sophie, mon amie, sans toi je suis perdue... Sans toi, je suis vaincue, je ne sais plus me commander.

Flambée tôt éteinte ! Elle parlera bientôt du pauvre La Blancherie au passé, comme s'il était mort :

Quand on a aimé comme j'ai fait, il est affreux de ne plus pouvoi regarder son amant comme le premier homme de son espèce.

Il faut dire qu'elle a de sérieux motifs pour expliquer le changement de son cœur.

Le pis n'est pas d'avoir appris que La Blancherie semblait rechercher une certaine Mlle Bordenave ; mais imaginez qu'ayant rencontré l'infidèle au Luxembourg, elle lui a vu un plumet au chapeau !

Ah ! tu ne saurais croire, écrit-elle à Sophie, combien ce maudit plumet m'a tourmentée ! Je me suis tournée dans tous les sens pour faire cadrer un ornement futile avec cette philosophie... qui me rendait La Blancherie si cher !

Ce n'est pas Roland qui lui fera courir de tels dangers. Il est vrai qu'il y en aura d'autres.

Cet homme austère s'était, dès l'abord, méfié d'une jeune personne qui avait le pouvoir de lui faire perdre son sang-froid. Au début de 1776, dès qu'il s'était aperçu, après quelques visites, qu'il lui trouvait des charmes, il s'était abstenu de reparaître, ce qu'elle ne remarqua pas sans un certain dépit. Au printemps, cependant, elle reprit son avantage, lorsqu'il commit, presque involontairement, sans doute, l'imprudence de revenir.

Elle écrivit à Sophie :

« J'ai vu hier M. Roland. » Mais elle croyait qu'elle ne lui plaisait guère, ce qu'elle regrettait, car il paraissait « intéressant à connaître ». Cependant il l'étonnait par certaines opinions singulières, par exemple, lorsqu'il disait de son air péremptoire : « L'Histoire de l'abbé Raynal est fort peu philosophique et bonne à rouler sur les toilettes. » Ou bien : « M. de Buffon n'est qu'un charlatan. Il n'a pour lui que son style. »

Cependant ils s'entendaient sur les systèmes de gouvernement. Mais, tout bien considéré, Manon pensait que M. de La Platière était inférieur à Sainte-Lette. C'était « un savant qui aurait besoin des expériences de la vie » pour « se développer ». Quant à elle-même, ce qu'il lui faudrait, ce serait « de la retraite et de l'étude solide ». « J'ai besoin d'étudier comme de manger, » disait-elle. Elle se forçait à ne dormir que six heures et travaillait fort avant dans la nuit. Elle aurait voulu fixer son esprit, s'attacher définitivement à une science, acquérir une méthode. Et une de ses lettres se terminait par une invocation bien

remarquable, si l'on songe aux derniers mots que l'histoire lui
a prêtés :

« O Liberté, idole des âmes énergiques, aliment des vertus,
tu n'es pour moi qu'un nom ! A quoi me sert mon enthousiasme
pour le bien public lorsque je ne puis rien pour lui? » Et ailleurs :
« L'union, l'amour universels, voilà ma folie ! »

Elle a renoncé à « faire l'agréable en société ». Cependant
elle a accepté de se rendre à une fête chez la petite Mme Trude,
sa cousine. Elle est « en habit rose, retroussé à la polonaise,
avec tous ces petits chiffons de gaze et de fleurs si brillants et
si fragiles ». Il y a un an que sa mère est morte. Le deuil n'a
pas les rigueurs actuelles et sa puissante jeunesse réagit vivement. Aussi, elle « s'amuse tout de bon » et même « chante pour
mettre les autres en train ».

Dans le moment, le plus clair de sa pensée appartient à
Jean-Jacques Rousseau. Elle « l'adore presque » et s'aventure
même à lui rendre visite après s'être annoncée dans une lettre
qu'il n'a pu attribuer à une femme. Mais, arrivée rue Plâtrière,
au deuxième étage, elle se heurte à Thérèse Levasseur qui lui
barre la porte : « C'est, dit-elle, une femme de cinquante ans au
moins, coiffée d'un bonnet rond, avec un déshabillé propre et
simple et un grand tablier... Une femme qui a l'air sévère et
même un peu dur », mais qui ne paraît nullement repoussante,
à cette jeune bourgeoise parfaitement soigneuse de sa personne
et de tout ce qui l'entoure. Le témoignage de Mlle Phlipon
relève à nos yeux la pauvre « *fâme de gangaque* ».

Une autre fois, dans un hôtel de la rue de Tournon, elle
aperçoit l'empereur philosophe Joseph II, qui voyage inco-
gnito sous le nom de comte de Falkenstein : « Il est en habit
puce avec un bouton d'acier, de petites bottines et une seule
boucle à la frisure. » Tant de simplicité intéresse grandement
la jeune républicaine.

A vingt-deux ans, elle se « livre au plaisir d'imaginer les belles
choses puisqu'elle ne peut les faire », dit-elle, et s'en remet
pour la direction de sa vie à Rousseau, à Plutarque, à Montaigne, « ces trois bons guides ». Elle est tentée parfois de
« prendre une culotte et un chapeau pour avoir la liberté de

chercher et de voir le beau de tous les talents ». Elle sent vivement les arts, se console avec la musique et comprend fort bien la peinture. Elle admire Watteau avec enthousiasme et, après une visite à Greuze, le juge avec plus de goût que n'en montre Diderot dans ses *Salons*. L'ironie éloigne et blesse les êtres jeunes et passionnés, de sorte que c'est le poète qu'elle devait aimer dans Voltaire. L'histoire ne dit pas si elle connut Chardin. Il serait curieux de savoir ce qu'elle pensait du peintre de la petite bourgeoise.

Roland, à Amiens, ne mettait guère d'empressement à correspondre. Il faut dire qu'il avait intérieurement renoncé, en voyant Manon, à un certain projet de mariage avec Henriette Cannet, sœur de Sophie. Cela mettait dans un grand embarras cet « homme vertueux » qui se demandait s'il allait être convaincu de duplicité devant les trois amies.

Lorsque au mois de mai 1776, il revint à Paris, son premier soin fut de prier Manon de ne pas le nommer dans ses lettres à Amiens. Ce n'était pas très facile. Peu auparavant, elle avait écrit :

« J'ai vu M. Roland de la Platière. Il était sérieux. J'étais rêveuse, etc. » Une certaine inquiétude s'était déjà fait jour dans l'esprit des deux sœurs.

Jusqu'où allèrent les explications de Roland à sa jeune amie ? On ne sait, mais il parvint à lui faire accepter le principe d'une dissimulation qui dut coûter beaucoup à une nature sans détours. Ce qui est certain, c'est qu'à partir de la lettre datée du 24 juin 1776, elle joue systématiquement ses amies.

Lorsque Roland venait au quai de l'Horloge, il s'attardait longuement.

Son retour avait été aussi agréable à la jeune fille qu'à lui-même. Tout de suite, il avait su lui inspirer assez de patience et de docilité pour qu'il pût à l'aise pérorer devant elle. Du reste, il ne l'ennuyait pas. Elle lui trouvait de grandes capacités et elle savait écouter, « disposition qui fait plus d'amis que les qualités les plus brillantes », remarquera-t-elle plus tard.

M. de la Platière revenait d'Allemagne et se disposait à

partir pour l'Italie où son protecteur, Trudaine de Montigny, l'envoyait faire un voyage d'études commerciales. Pendant cet été de 1776 où il préparait son voyage, il se lia avec Mlle Phlipon, au point de confier à cette docte fille, dont les entretiens le captivaient et dont il avait éprouvé le caractère solide, un gros paquet de manuscrits dont il permettait qu'elle disposât à son gré s'il ne revenait pas. Rien ne pouvait flatter Manon à l'égard d'une telle marque de confiance, mais sa pensée était ailleurs. C'est probablement pour cela que Roland, qui avait dû s'en apercevoir, avait cessé de se surveiller aussi rigoureusement, et si elle rougit, c'était pour la forme, lorsque le voyageur, qui avait dîné avec Sainte-Lette à la table des Phlipon, la veille de son départ, demanda à l'embrasser. Dans le moment, c'est en effet Sevelinges qui la préoccupe et elle est même en train de composer, sur son conseil, un morceau mis au concours par l'Académie de Besançon sur la question de savoir « comment l'éducation des femmes pouvait contribuer à rendre les hommes meilleurs ».

Roland resta quatorze mois en Italie.

Il semble que, pendant un certain temps, elle n'entendit pas parler de lui. Dans le secret de son petit cabinet, elle lut puis relut les papiers qu'il lui avait laissés et ces récits de voyage, ces réflexions morales, ces œuvres ébauchées, lui firent connaître, pour son ravissement, « une âme forte, une probité austère, des principes rigoureux ». Une correspondance, toute mêlée d'italien, s'engagea bientôt.

De Naples, le 10 janvier 1777, il adresse à son amie un long morceau où il fait le portrait de l'élève-inspecteur idéal. Il connaît son sujet et ses idées sont nobles. Manon lui répond :

Combien vous faites votre éloge par l'enthousiasme sublime avec lequel vous tracez celui de la vertu !... J'ai relu souvent la lettre sur l'élève-inspecteur. Le pourquoi ne vous regarde pas, mais c'est que j'y trouvais mon âme.

Avant de partir pour l'Italie Roland avait présenté, quai de l'Horloge, son frère préféré, le bénédictin Dom Pierre. C'était « un homme d'esprit, de mœurs douces, de caractère aimable ».

Il venait quelquefois apporter à Mlle Phlipon les *Notes* que
« l'ultramontain » rédigeait au cours de son voyage et qui,
plus tard, devinrent les *Lettres d'Italie à Mlle X...* (1).

Au retour de M. Roland, disent les *Mémoires*, je me trouvai un
ami ; sa gravité, ses mœurs, ses habitudes toutes consacrées au
travail me le faisaient considérer pour ainsi dire sans sexe ou comme
un philosophe qui n'existait que par la raison.

Quatre lignes peuvent résumer bien des choses. Elles peuvent
aussi suffire à égarer complètement le lecteur. Que l'on ne se
fie pas trop à celles-ci.

La vérité est que la philosophie et la raison ne furent pas
consultées le moins du monde dans l'affaire. Entre cette belle
fille de vingt-quatre ans et ce barbon plus vieux qu'Arnolphe
ce fut une lutte frénétique, désespérée, qui ne se termina qu'en
1780 après avoir débuté en 1775. Ce qu'il s'y trouva de plus
singulier, c'est qu'ils y prirent tous deux le masque opposé à
leur vrai personnage. Roland profondément épris, mais bien
fâché de l'être, se montra hargneux, irrésolu, absurde, et elle
qui croyait voir en lui un homme de premier plan, elle dont le
penchant était tout cérébral, parvint à le prendre et à le reprendre, l'ayant perdu vingt fois, à force de douceur, de tendresse, de soumission féminine, pour le conduire enfin *à ce qu'il
ne voulait pas* : le mariage.

Dès le début il avait été réticent, comme nous savons, froid
dans l'apparence, inquiet et prêt au recul. Il ne s'était pas laissé
conduire sans difficulté à l'habitude de correspondre. L'intimité de l'été de 1776 n'avait fait que rendre plus sensible le
silence complet qu'il observa de février à septembre 1777. Il est
vrai qu'il échangeait alors des lettres avec sa mère et avec le chanoine Dominique, son frère aîné, au sujet d'un mariage éventuel,
pendant que Manon entretenait avec Sevelinges les relations
ambiguës dont elle cherchait à tromper sa solitude et son ennui.

Elle est sujette à des caprices, à des vapeurs. Un jour, sur
un ton très amer, elle se plaint de la vie et sanglote sur son

______

(1) Elles furent publiées à Amsterdam en 1782.

oreiller. Un moment après, la voilà « toute ragaillardie », « sa petite folie a secoué ses grelots », mais se sentant d'humeur à faire des conquêtes, elle se jette sur la géographie et compose deux accompagnements de clavecin.

A cette époque, après avoir été très entourée, elle est bien seule. Elle est définitivement détachée de La Blancherie ; Sainte-Lette est reparti pour les Indes ; à l'étranger, Roland fait le mort et Sevelinges s'est réinstallé à Soissons. La correspondance avec Sophie s'en trouve exaltée, mais lorsque Manon lui écrit : « Adieu mon tout, ma joie, mon bonheur », il est clair que l'amitié doit d'autant moins lui suffire que, ne comportant plus la confiance passée, elle repose désormais sur un porte-à-faux. En effet, l'expansive Manon au lieu de se plaindre à son amie des déceptions que lui fait continuellement éprouver Roland, est au contraire obligée de les cacher sous une feinte insouciance, très pénible à son besoin d'effusion.

Quand Roland rentre enfin en France au mois de septembre 1777, il s'arrête à Villefranche, dans sa famille ; mais, dès le lendemain de son arrivée, il écrit à Mlle Phlipon. Celle-ci, transportée, pardonne tout et écrit une lettre où elle se découvre assez vivement. Mais le mois d'octobre s'écoule jusqu'au dernier jour sans lui apporter aucune réponse.

Durement mortifiée, elle apprend enfin par Dom Pierre, le bon prieur, intermédiaire bienveillant entre Roland et son amie, que le voyageur est tombé malade au Clos, qu' « il ne digère encore que de la volaille, et même avec beaucoup de peine, et compte si peu sur ses forces qu'il faut avoir le soin de lui donner une canne ».

Rentré à Amiens, Roland, que son passage à Paris a sans doute un peu trop ému, fait comme d'habitude machine en arrière et reste trois mois sans écrire. Mais cette fois Manon a définitivement renié Sevelinges dans son cœur. De jour en jour sa pensée découvre de meilleures raisons pour se fixer sur Roland et bientôt, libérée de toute restriction mentale, elle lui écrit à 3 heures de la nuit qu'elle espère le voir avec le prieur dont la visite s'est annoncée. Elle a en effet grand besoin d' « idées riantes ». Son père lui donne décidément des sujets d'inquié-

tude. Il perd son argent au jeu. Il a de mauvaises fréquenta-
tions. Jeune encore, peut-être pense-t-il à se remarier. La gêne
a suivi l'aisance chez le graveur où un seul apprenti suffit
maintenant à la besogne.

Les Phlipon ont dû déménager pour prendre un appartement
plus petit (1). La grand'mère Phlipon, l'oncle Bimont, le ménage Besnard, les cousines, toute la parenté conseille à Manon
de ne pas se laisser dépouiller du bien de sa mère et de demander
des comptes à un père qui oublie ses devoirs. La jeune fille
éprouve cependant la plus grande peine à se décider. Enfin,
avec des sentiments mêlés où se contredisent le généreux et
le raisonnable, elle prend son parti et arrive, après les plus
pénibles tribulations à sauver un capital de douze mille livres,
qui rapporte 630 francs de rente.

— Il est dur, écrit-elle à Sophie, d'user de ses droits contre l'auteur de ses jours. Je veux donner à mon père, mon temps, mes soins
et mon argent, mais il faut que j'aie mon bien pour le lui conserver.

Roland est à Paris, Manon écrit à Sophie. « Notre voyageur
m'intéresse beaucoup. Je le vois très peu. »

Mais cela, c'est de la politique. Si elle l'avait vu si peu, on
n'aurait pas jasé, et le « sensible et fougueux apprenti », qui était
violemment amoureux de la jeune fille, ne serait pas devenu
furieux au point de vouloir tuer Roland, que cette disposition
met fort mal à l'aise. Manon soupire : « O mon ami, comme on
aime à vingt ans ! » ce qui veut dire : « Ce n'est pas comme
à quarante-cinq ! »

La bonne, Mignonne, avait bavardé chez Sélincourt, frère
des demoiselles Cannet. Manon est obligée d'entrer avec celles-ci
dans des explications embarrassées :

Mignonne, toutes les fois qu'elle me voyait la plume à la main,
s'imaginait que c'était pour ce grand monsieur qui était venu l'autre
jour, des papiers sous son bras...

(1) En 1778, les Phlipon déménagèrent, mais probablement sans quitter
leur maison. Ils s'installèrent au premier étage, dans un appartement où
Manon eut aussi un petit cabinet d'étude qui lui plaisait.

A la fin de l'année 1799 Roland est vaincu, conquis, prêt à
capituler. Durant les libres et longs entretiens de tous les jours,
il n'a plus été aussi souvent question de sa fameuse austérité, et la jeune fille qui avait eu à se défendre, écrit :

« *Questo primo dolcissimo baccio* impétueusement ravi, me
fit un mal affreux. »

Après quelques dérobades dernières, Roland rassemble son
courage et d'Amiens envoie sa demande.

C'est avec un entraînement plein d'émoi que, dans le silence
recueilli des bibliothèques, le chercheur ouvre pour la première
fois un volume de lettres originales. L'imagination est rejetée
comme une faculté inutile. Le passé revit. On le touche avec la
main. Son odeur sort du papier fané.

La première lettre de Manon Phlipon qui s'ouvre sous nos
yeux est justement sa réponse à la demande de Roland. Elle
porte la date du 2 octobre 1779. Elle est très belle et commence
en ces termes : « Je suis pénétrée, ravie, désolée : je vous plains,
je vous gronde, je vous... »

Le papier est le papier courant de l'époque, un solide papier
de pur fil qui a résisté aux aventures et au temps. Le texte
manuscrit est tracé sur une ligne aussi droite que si le papier
était rayé. Peut-être se servait-elle d'un *transparent?* L'écriture
est classique, distincte en ses détails, fortement caractérisée.

Les majuscules sont hautes et ornées, les mots souvent
agrémentés d'une finale en forme de boucle. Les *t* sont barrés
assez bas et légèrement ; l'orthographe est correcte, la ponctua-
tion exacte. Les adresses portent de larges majuscules très
décorées et d'un dessin élégant. Mlle Phlipon ne signe pas ses
lettres intimes et se contente ordinairement d'un paraphe.

L'écriture de Roland est basse, presque écrasée, très cou-
rante, sans aucun art, et accuse parfois le déséquilibre nerveux
qui, souvent, apparaît en lui. Ce n'est pas cet ordre parfait,
cette sérénité des manuscrits de Mlle Phlipon devenue Mme Roland. Avec l'indifférence de nos pères pour l'orthographe des
noms propres, il met deux p à Phlipon et il écrit quai de *l'Or-
loge* à Paris, de même que Manon rue du *Colège* à Amiens.

Lui non plus ne signe pas. En outre, il déguise son écriture sur l'adresse, pour dérouter l'inquiétude du père, la curiosité de Mignonne, et la jalousie de l'apprenti.

Le premier soin de la véridique Manon, en agréant la demande de M. de la Platière, fut pour avouer ses correspondances secrètes et pour rompre avec Sevelinges, auquel elle avait sans doute découvert ses nouveaux projets, puisqu'il répondit :

Méfiez-vous des gens d'esprit encore plus que des sots et des méchants d'inclination. Il n'est pas probable que vous rencontrerez deux fois un homme assez singulier pour répondre sans fiction à la vivacité des sentiments dont vous êtes capable, si l'inconstance ne vous préserve pas de ses effets.

On voit qu'il ne manquait alors que le nom à ce que, cent ans plus tard, on nomma la *rosserie*.

Mais Manon est accablée de tracas et de fatigues. Mignonne est tombée malade. Sa jeune maîtresse la couche dans son propre lit pour la mieux soigner et fait l'ouvrage de la maison. L'apprenti aussi est souffrant. Elle va de l'un à l'autre et s'applique à remettre celui-ci « dans le chemin de la vertu », tandis que la pauvre Mignonne expire en disant :

— Mademoiselle, je n'ai jamais demandé qu'une chose au Ciel, c'est de mourir auprès de vous : je suis contente.

Manon, pendant ce temps, a réfléchi aux conditions bizarres que Roland a mises à l'union projetée. Il exige un secret absolu, même à l'égard de Phlipon dont il a la prétention d'épouser la fille sans l'avoir demandée. Dans ses lettres, on le voit bien préparer la maison d'Amiens en vue de son mariage, mais, d'une date, il n'est pas question. Il n'écrit pas plus qu'à son futur beau-père, à sa propre famille qui va crier à la mésalliance. La jeune fille, dont le bon sens s'accommode mal de cette situation sans issue, prend bravement l'initiative nécessaire, mais, malgré tout son art, le conflit éclate. Phlipon et Roland échangent des lettres blessantes et, comme Manon est entre eux, c'est elle qui reçoit les coups. Elle a beau user d'une patience surhumaine et d'une douceur archangélique.

Roland, qui refuse de venir à Paris, en arrive à lui écrire de telles lettres qu'elle lui rend sa parole et se réfugie avec toutes les larmes de l'amour saignant, dans une amitié opportuniste.

Roland, qui est un grand travailleur, s'attelle à des besognes écrasantes pour dompter une souffrance qu'il n'avoue pas :

Je travaille comme un malheureux. Je ne sors point de cinq et six jours de la semaine. Je passe des nuits entières sans dormir.

Par habileté, elle tâche également de lui faire croire qu'elle n'est plus toute à sa douleur. Un jour elle a reçu une demande en mariage fort honorable. Une autre fois on lui a proposé une place à la cour, mais comme il s'agit d'un « établissement qui n'a de fondement qu'un caprice de la reine... elle ne risquera pas de se déranger pour une situation qui, tout bien compté, serait excellente pour quiconque joindrait à une âme commune, un esprit souple et rusé ».

Qui sait ce qu'eût changé dans les événements publics la présence à Versailles d'une Manon Phlipon, exerçant son influence sur Marie-Antoinette, l'instruisant de la marche des idées et — pourquoi pas ? — portant peut-être la lumière dans une inconscience que personne n'avait jamais tenté d'éclairer (1).

Mais la jeune fille ne s'attarde à aucun rêve. C'est son propre de mettre du charme dans la raison, et d'ailleurs elle suit une idée fixe.

Elle se décide à quitter son père ; non qu'elle ait pour accomplir ce coup d'État des motifs nouveaux, mais elle a parfaitement compris que, si son seul espoir est dans une entrevue avec Roland, Roland est buté et ne viendra jamais chez Phlipon.

Le 7 novembre 1779, ayant emprunté à Sophie l'argent nécessaire au déménagement puis donné à son père les petites

---

(1) Marie Lekzinska était autrement clairvoyante, lorsque, bien des années auparavant, elle écrivait à son père, le roi Stanislas :

« C'est une sotte chose que d'être reine. Hélas ! pour peu que les choses « continuent à aller comme elles vont, on nous dépouillera bientôt de cette « incommodité ! »

économies dont il avait le plus grand besoin, elle part pour son
ancien couvent où elle a loué une chambre de vingt écus :

A la Congrégation, je serai à ma cuisine, dit-elle, et je compte me
tirer d'affaires avec mes 530 livres de rente.

Elle vivra de pois chiches cuits deux fois par semaine dans
un pot. Elle cherchera des écolières et Sainte-Agathe viendra
une fois le jour passer un quart d'heure avec elle. La rudesse
d'un tel programme avait pour elle quelque chose de stimu-
lant et tentait son puritanisme.

Du reste elle comptait sur le temps pour lui arranger les
choses.

Elle n'avait pas tort. Roland avait donné dans le piège et,
tranquillisé par l'étiquette — *Amitié* — inscrite sur les lettres
admirables qu'il recevait, il consentit au principe d'une entrevue.
Justement il allait bientôt se rendre à Longpont pour voir son
frère. Il passerait par Paris, mais ce ne serait qu'au retour qu'il
irait voir Manon qui, devant cette reculade pour elle incom-
préhensible, crut la partie perdue.

Le 9 décembre, quand il revient de Longpont à Paris, il
n'arrive pas encore à se décider. Il temporise trois jours et c'est
seulement le 12, qu'ayant ramassé ses forces, il marche au couvent comme au feu et en effet... « s'enflamme en la revoyant à
la grille ».

Le lendemain il écrit :

Tu m'aimes... je ne sais si tu m'aurais fait plus de mal de me haïr.

Il a d'ailleurs quitté le couvent après l'heure de la clôture.
C'est un homme dont les visites sont toujours longues. Un peu
honteux il s'informe :

Qu'ont dit, qu'ont pensé tes dames?

C'est le 12 qu'il l'a revue. Par un billet daté du 20, il s'engage définitivement. Il apostrophe Manon : « Quel est donc
ton empire? » et il lui dépêche, outre le sympathique curé de
Longpont, une parente dont il fait grand cas, Mlle de La Belouze,
dame de considération dans le monde parlementaire.

Le graveur Phlipon avait déjà écrit à M. de la Platière une lettre pleine de fautes d'orthographe, mais aussi de repentir, et d'un ton excellent. M. de la Platière voulait bien le recevoir à merci et Sophie Cannet voyait arriver l'annonce brusque d'une nouvelle que rien — hormis quelques soupçons — n'avait pu lui faire prévoir.

Je n'oublie pas, ma bonne amie, disait Manon, que c'est par toi que j'ai connu, etc... »

C'était peu.

Le contrat fut passé le 27 janvier 1780, les publications affichées le 30 et le mariage eut lieu, sans aucun apparat, le 4 de février à l'église Saint-Barthélemi. Dom Pierre Roland, curé de Longpont, était témoin de son frère et Sélincourt de Manon qui était revenue chez son père, quelques jours auparavant, pour aller de là à l'église.

Le nouveau ménage s'installa chez Phlipon mais n'y resta pas longtemps (1). Dès le lendemain de la cérémonie, c'est Mme Roland qui écrit à Cousin-Despréaux, le plus intime ami de Roland, pour lui annoncer le mariage. Roland n'ajoute que quelques lignes familières terminées par ces mots : « J'ai cherché le bonheur. J'y crois. »

Mme Roland reprend la lettre et, dans un *post-scriptum*, fait observer à Cousin-Despréaux que la publication des *Lettres d'Italie*, dont il s'est chargé, tarde beaucoup et que « l'auteur s'en affecte ».

Tant que dura leur vie commune, — *du premier jour au dernier*, les documents le prouvent — les époux gardèrent ainsi l'habitude d'écrire ensemble. De plain-pied, Mme Roland était entrée dans le rôle d'une collaboratrice modeste, entièrement dévouée aux intérêts d'un homme supérieur.

---

(1) Sans doute à cause de 'exiguïté de l'appartement.

Le 12 mars suivant, Roland écrivait à son ami Cousin-Despréaux qu'il logeait rue Saint-Jacques, à l'hôtel de Lyon.

CHAPITRE III

LA VIE CONJUGALE
(1780-1789)

> « Je sens mon cœur sur un oreiller
> lorsque je sais mes amis contents. »
> Mme ROLAND.

Les premières années de M. et Mme de la Platière nous sont moins connues que les précédentes et que celles qui suivront.

On dit que le bonheur n'a pas d'histoire, mais nous savons que Mme Roland a qualifié son union de « lien sévère », d'« association où la femme se charge du bonheur de deux individus ».

Les *Mémoires*, qui abondent en vivants détails sur Manon Phlipon, deviennent soudainement brefs (1) à partir de son mariage. D'autre part, la riche correspondance avec les demoiselles Cannet se ralentit, puis s'arrête.

L'affection que Mme Roland témoigne à cette Sophie, jusquelà si chère, s'est visiblement affaiblie. Quelque chose de raisonnable et d'à peine obligeant même parfois, a remplacé l'exubérance et l'enthousiasme. Ah ! qu'il est difficile de pardonner à une amie les déceptions qu'on lui a causées !

Et puis, la jeune femme est entièrement livrée à l'influence d'un mari dont cette amitié offusque depuis longtemps le caractère exclusif et roide :

Je te le répète après te l'avoir dit bien des fois, écrivait-il déjà au cours des années précédentes, je n'ai aucune confiance en ces per-

---

(1) Mme Roland, dans une note, donne une raison tragique de ce laconisme. « J'ai laissé mon dernier cahier à Vincennes, dit-elle, mais à suivre ainsi les choses pied à pied, j'aurais à faire un long travail pour lequel je n'ai plus assez à vivre. Je me borne à un aperçu. »

sonnes ; leur ton bavard, dissertant toujours, expliquant, définis-
sant tout, arguant, tranchant, décidant sans cesse, les fait détester
de tout le monde. Elles sont la fable de la ville et, si j'avais à redouter
quelque chose, ce serait leur curiosité et leur langue !

Quelle malveillance ! M. de la Platière aime autant couper
toute relation avec des « personnes » qui peuvent, à bon droit,
douter de sa fameuse rigueur.

En fait de documents originaux, il ne nous reste plus que la correspondance conjugale et amicale, ou du moins ce qui en a été
conservé. Roland était obligé à de fréquentes absences profession-
nelles et sa femme, qui avait pour lui l'empressement de l'amie
la plus exacte et la plus dévouée, lui écrivait à chaque ordinaire.

Le nouveau ménage passa toute sa première année à Paris,
rue Saint-Jacques, en face Saint-Yves, à l'hôtel de Lyon, où,
moitié par économie, moitié par sollicitude pour son mari qui
souffrait probablement d'une maladie de foie, la jeune femme
faisait elle-même la cuisine. Roland, retenu par les Intendants
du Commerce qui avaient entrepris une nouvelle réglementation
des manufactures, travaillait à ses *Descriptions de quelques arts*
et corrigeait les *Lettres d'Italie*.

Il me fit son copiste et son correcteur d'épreuves, écrivit-elle dans
les *Mémoires*, non sans une nuance de rancune. Je remplissais la
tâche avec une humilité dont je ne puis m'empêcher de rire... mais
elle coulait de mon cœur. Je respectais si franchement mon mari
que je supposais aisément qu'il voyait mieux que moi et j'avais tant
de crainte d'une ombre sur son visage, il tenait si bien à ses opinions,
que je n'ai acquis qu'après assez longtemps la confiance de le contredire.

Dans une mansarde de l'hôtel de Lyon, au-dessus des Roland,
habitait un étudiant en médecine nommé François Lanthenas.
Roland, qui l'avait connu en Italie, en fit bientôt le familier
du ménage. Mme de la Platière, toujours prête à adopter les
vues de son mari, s'intéressa tout de suite chaleureusement à
ce garçon mélancolique et doux, grand disciple de Jean-
Jacques. Le calme et la fermeté caractérisèrent l'affection qui

grandit bientôt entre eux. Mme Roland appelait Lanthenas
« le frère », il disait « sorella », et Roland ne parlait plus que
du « fidèle Achate » !

Tous trois s'étant reconnu un goût commun pour les sciences
naturelles, ils se mirent à suivre les cours de Jussieu et de Daubenton au Jardin du Roi où ils rencontrèrent un jeune naturaliste nommé Louis Bosc d'Antic, qui n'avait alors guère plus
de vingt ans.

C'était un être attachant, qui se laissait pénétrer sans embarras et montrait du premier coup un esprit à la fois juste et
romanesque, tout animé d'idées « philosophiques », une probité
sans réflexion, un cœur tendre et naïf, une susceptibilité aiguë,
quelque gaucherie de prime-saut, beaucoup de sympathie
humaine et un amour débordant pour la botanique.

Fils et petit-fils de médecins, Bosc n'avait aimé jusque-là
qu'à courir les bois et à collectionner les plantes qui y poussent
pêle-mêle. Né herborisateur et destiné à l'artillerie par son
père, il avait échoué dans les Postes qu'il délaissait en toute
occasion pour courir la campagne.

Le hasard fit une bonne combinaison le jour où se rencontrèrent Bosc et les Roland. Ces trois existences ne pourraient
être contées à part. L'amitié qui les réunit restera toujours un
admirable exemple de désintéressement et de fidélité. On peut
dire qu'elle durait encore trente-cinq ans après la disparition
des Roland, en 1828, lorsque Bosc vint à mourir.

La connaissance avait été rapide. Le jeune homme se mit
à aimer sans réserve le vertueux mari aussi bien que l'intelligente jeune femme et, quand le ménage partit pour Amiens
en 1781, il avait même adopté leur ami Lanthenas. Une correspondance intarissable s'établit immédiatement. Bosc, qui entretenait des relations étendues avec le monde scientifique, pouvait beaucoup aider aux travaux personnels de Roland.

Mme Roland lui écrivit d'abord à la place de son mari, tantôt
pour demander un renseignement, tantôt pour donner une
commission, mais bientôt les lettres, de plus en plus communicatives, répondirent avant tout à un mutuel besoin de confiance
et d'épanchement. Dans la vie provinciale que la jeune femme

devait mener huit ou neuf années durant, c'est la ferveur de
M. d'Antic, comme on disait alors (1), qui la rattachera au
mouvement des idées et l'aidera, sans même qu'elle s'en aper-
çoive, à tromper certaines aspirations de sa jeunesse.

Mme Roland arriva en février 1781 à Amiens, où elle
devait séjourner pendant trois ans, dans la maison que son
mari avait louée rue du Collège, pour 1 500 livres de loyer,
au temps des premières fiançailles. Le mobilier fut celui
du ménage de garçon de M. de la Platière, auquel s'ajouta, pour
le plus grand plaisir de la nouvelle mariée, un clavecin prêté
par la Société des Concerts de la ville.

La maison, inhabitée depuis longtemps, tenait au cloître
Saint-Denis qui servait de cimetière. C'était une grande bâtisse
composée de deux corps de logis où l'on accédait par une porte
cochère. Il y avait une cour, une écurie, un jardin. La chambre
à coucher donnait sur la rue, le cabinet de toilette sur le cimetière : « Je ne vais pas une fois à ma toilette que je ne voie faire
une fosse ou la meubler », dit-elle.

L'existence monotone des dames de province attendait
Mme de la Platière à Amiens. Elle suivait les offices afin d'édifier
le prochain, soignait son ménage et ses fleurs, rendait quelques
visites et, comme elle était devenue l'amie de Bosc, herborisait
sur les remparts. C'était une épouse docile, ordonnée et sage,
attentive aux intérêts communs, diligente et zélée pour tout
ce qui regardait son mari. Chez elle le goût de l'étude était toujours aussi vif, mais la musique et surtout son travail de secrétaire lui prenaient le temps que le ménage lui laissait. Quand
Roland l'appelait « sa chère moitié », il lui donnait son vrai nom.
Elle avait adopté, du premier coup, non seulement les habitudes
et les opinions de cet homme « austère », mais encore ses amis et
sa société. Désormais, il ne sera presque plus question de Phlipon
auquel le ménage servait une rente et qui devait mourir dans
l'isolement quelques années plus tard. Disparus aussi derrière la
ligne d'horizon la petite Mme Trude, les excellents Besnard, la

(1) On disait bien M. d'Anton.

complaisante Desportes. Il n'y a que le chanoine Bimont et Sainte-
Agathe dont nous entendrons encore parler de temps à autre.

Le mari absorbe tout. Le ménage fait un séjour de deux mois
à Villefranche en Beaujolais, chez les Roland, où la jeune
femme est « arrivée au sein d'une famille respectable et considérée », qui lui impose visiblement et qui du reste l'a bien
accueillie.

Au retour, Roland l'a envoyée seule à Dieppe chez les Cousin-
Despréaux et à Rouen chez les chanoinesses Malortie ses amis
de jeunesse. Quand elle arrive à Amiens, où Roland habite
depuis quinze ans, il prescrit à sa femme de tenir à distance les
demoiselles Cannet et de se lier avec Mme de Chuignes, parente
éloignée des Roland ; avec M. Bray de Flesselles, haut magistrat ; avec M. et Mme Deu, amateurs de sciences naturelles ;
avec M. Devins, cavalier servant de Mme Deu, sans parler de
quelques vieilles dames « vénérables », sans parler du médecin
d'Hervillez et de l'apothicaire Lapostolle.

Obéissante, Mme de la Platière fit rapidement la conquête
de cette société prête au blâme, qui guettait, comme d'usage,
l'arrivée de la jeune Parisienne, avec plus de méfiance encore que
de curiosité, ce que Roland, qui se croyait fin psychologue, tra-
duisait en écrivant : « Les femmes te craignent terriblement. »

Le 4 octobre 1781, Mme de la Platière mit au monde une
petite fille qui reçut les noms de Marie-Thérèse-Eudora et fut
baptisée le lendemain à l'église Saint-Michel, sa paroisse.

Une complication sérieuse, qui survint dans l'état de la jeune
mère, l'obligea à cesser la nourriture. Elle en fut désespérée et
l'enfant se mit à dépérir au point que le médecin se demanda
s'il serait possible de la sauver.

Mme Roland donna, dans cette occasion, une remarquable
preuve de sa volonté. Malgré ce que purent dire médecins et
matrones, elle soutint qu'elle ferait revenir son lait. Elle y
réussit en effet malgré ses souffrances, et triompha avec exalta-
tion lorsqu'elle vit la petite reprendre sa force et sa fraîcheur (1).

(1) Mme Roland laissa à sa fille un écrit particulièrement détaillé sur ce
pénible moment de sa vie, avec les conseils les plus explicites sur les devoirs
d'une jeune mère.

Roland, qui n'avait pas été indifférent aux maux de sa femme, fut bientôt obligé de s'absenter. Les courriers lui apportaient des détails d'un singulier réalisme sur la santé de la mère et de l'enfant. Les femmes de cette époque ne reculaient point devant le terme propre, on le sait. Mme Roland moins qu'une autre. Cependant elle dit une fois :

Aurais-tu pensé lire jamais pareilles choses sans dégoût? Comme l'amitié transforme et fait jeter de l'intérêt sur les objets les plus communs !

Est-ce bien sûr? En tout cas, Roland, nullement désobligé, répond sur le même ton. L'entente est parfaite et Mme Roland élève « son cher petit gage » pour qu'il aime son père. Dès qu'elle est rétablie, elle range sa cave, veille au grenier, tient de court ses deux servantes et s'en montre enfin satisfaite lorsqu'elles travaillent à la lessive jusqu'à 3 heures du matin (1) !

Soumise à ma condition, je tiens la case propre et j'ai soin de l'enfant, consentant à ne rien faire autre jusqu'à nouvel ordre.

Le nouvel ordre arrive avec Roland qui a entrepris son *Dictionnaire des Manufactures* et s'est chargé, en passant à Paris, probablement afin d'augmenter les ressources du ménage (2), d'un gros travail pour l'*Encyclopédie méthodique* du libraire Panckouke. Le *Mémoire sur les moutons* a paru dans le *Journal de Physique*. L'*Art du tourbier* est en train.

La jeune mère, qui n'a pas cessé d'étudier l'anglais et l'italien, ne manque ni de travail ni de sujets de dévouement.

Les Roland de Villefranche nourrissaient depuis longtemps des prétentions nobiliaires, que le mariage du dernier fils avait

(1) C'est à cette époque, que Mme Roland mit la main sur une perle, Marie-Marguerite Fleury, qui éleva Eudora, s'attacha complètement aux Roland et mourut presque centenaire dans la vieille maison du Clos qui appartient toujours à la famille. Mme Marillier, arrière-petite-fille de Mme Roland et petite-fille d'Eudora, nous a dit qu'elle l'avait bien connue dans son enfance.

(2) Son traitement était de 5 000 francs, et il recevait quelques subsides de Villefranche. Mme Roland possédait 530 francs de rente, comme nous savons.

réveillées. L'espoir d'un héritier du nom leur avait mis en tête d'obtenir des Lettres de Noblesse et, malgré les difficultés, ils n'y renoncèrent pas en apprenant que l'enfant n'était qu'une fille.

Tout d'abord il fallait exposer les titres à faire prévaloir dans un *Mémoire d'extraction* que le chanoine Dominique soumettrait à la signature de la noblesse du Beaujolais.

C'est une chose assez remarquable que, dans cette famille où il y avait cinq hommes, dont quatre d'Église, tous instruits et actifs, le soin de rédiger le placet et d'aller à Paris pour soutenir les droits qui y étaient exposés fut, d'un commun accord, remis à une jeune femme. M. de la Platière avait-il obscurément compris qu'avec son ton doctoral et cassant, son air empesé et revêche, il ferait mieux de s'effacer et de mettre au service de sa cause la souplesse spirituelle et la grâce rusée que sa femme allait en effet déployer pour l'émerveillement général?

Elle partit, pleine d'entrain, au mois de mars 1784, avec sa bonne Fleury, ayant laissé à Roland et à la cuisinière Louison le soin de la petite Eudora. Elle descendit à l'hôtel de Lyon et s'installa dans deux chambres du second étage. Lanthenas, qui achevait mollement ses études de médecine, était logé au-dessus d'elle comme en 1781, et M. d'Antic, à partir de ce moment, abandonna les Postes et même la botanique, pour s'attacher aux pas de son amie.

Sur-le-champ elle se met à l'œuvre.

Il lui faut obtenir une audience de M. de Vergennes, mettre M. de Calonne dans ses intérêts, amadouer les Intendants du Commerce que certaines manifestations du caractère aigre et hautain de M. de la Platière ont positivement exaspérés.

Par M. de Flesselles, par Cousin-Despréaux, par Mlle de la Belouze, la cousine de grande considération, Mme Roland s'était procuré toutes les lettres préliminaires imaginables. Sans autres armes que ces papiers chétifs, elle se lance avec une intrépidité, un esprit et un tact qui font la conquête des plus hargneux, dans un monde qu'elle ne connaît aucunement, mais où elle évolue comme si elle y était née. Ce sont des démarches chez Mme de Candie, première femme de chambre de Madame Élisabeth ; chez une dame de qualité qui pouvait la mettre en relation avec une femme de Madame Adélaïde ; chez le premier fauconnier de France, etc., etc.

Mes trente ans ne font fuir personne, écrit-elle gaiement à son mari.

Néanmoins, chez M. de Tholozan, Intendant général du Commerce, elle trouva un accueil déconcertant. Il l'avait reçue en bonnet de nuit, avec une mauvaise humeur qui éclata lorsqu'elle commença l'éloge de Roland.

« Gardez-vous bien de nous le présenter comme un homme supérieur, s'écrie-t-il. C'est sa prétention, mais nous sommes loin de le juger tel. » Et un orage de critiques s'abat sur la bonne épouse : contradiction perpétuelle, prétentions de tous les genres, pédantisme, mauvais écrivain, mauvais politique, etc. Elle ne se décourage pas, tient bon, argumente avec adresse, embarrasse même l'interlocuteur qui finit par sourire et convient qu' « elle peut beaucoup servir son mari », qu'on l' « entend avec plaisir » et, quand elle s'en va, le terrible homme, apprivoisé, se laisse aller à dire qu'il travaillera pour elle.

Cependant la jeune femme trouve que l'absence se prolonge beaucoup loin des siens et Fleury « soupire Eudora à chaque mouvement de respiration ». Mme Roland écrit à son mari :

Je sens plus vivement que jamais qu'aucun bien ne peut équivaloir à celui de la tendre amitié, de l'intime dévouement répandant sa douceur sur tous les instants du jour. J'ai hâte de retourner en jouir. Je ne vis point. Mon cœur, tout moi-même, est sans cesse autour de toi et de notre enfant.

Ses amis l'enveloppaient cependant des soins les plus attentifs. Bosc avait eu l'aimable pensée, en l'entendant regretter son clavecin, de lui faire porter dans sa chambre d'hôtel un *forte-piano*. Quand elle pouvait se distraire des *Lettres de noblesse* ou du *Dictionnaire des Manufactures* — dont elle surveillait l'impression — elle courait les environs de Paris avec les deux jeunes gens. Ils allaient à Versailles, à Auteuil, au Bois de Boulogne gober des œufs frais pondus ; à Vincennes rendre visite au chanoine Bimont ; à Alfort chez les professeurs de l'École vétérinaire ; à Chaillot voir la pompe à feu, dernière mode de Paris.

Lanthenas écrit à Amiens que les *Lettres de noblesse* sont « parfaitement dans les mains qu'il faut », et Bosc : « J'ai assisté hier à l'ouverture de la lettre que vous lui avez adressée et nous nous sommes embrassés à votre intention, avec toute la vivacité de nos attachements mutuels. » Roland, peu jaloux, plaisante sans grâce sur ces familiarités, mais écrit bientôt, assez piteusement, du reste :

Je ne vous dirai pas : quand vous en serez las, mais le plus tôt possible, renvoyez-la-moi. Vous me ferez grand plaisir. Elle a doucement accoutumé à elle le bonhomme qui, à présent, s'en passe difficilement.

Bosc était, sans aucun doute, amoureux de Mme Roland. Tous les amis du ménage le furent. Chez elle, cependant, pas trace d'art ou de coquetterie. Aucune équivoque. De l'honnêteté, de la bonhomie, de la rondeur, un ton affable et cordial : « Qu'est-ce qu'une femme de passé trente ans, qui est sage et point jolie, ou qui ne l'est plus, si vous voulez? » écrit-elle, en se mettant d'ailleurs en contradiction avec tous les contemporains. Dans ses lettres à ses amis elle parle de « sa grosse figure », de « sa face de pleine lune ». Elle les embrasse beaucoup, mais ce n'est jamais qu' « à la grosse morguienne ».

Malgré la conquête de M. de Tholozan, l'affaire des Lettres de Noblesse n'avançait pas et Mme Roland était obligée de reconnaître à la fin qu'elle ne pourrait pas la faire aboutir. Mais elle avait trop de sens pratique et d'esprit d'à-propos pour s'en retourner les mains vides et, ayant appris que l'Inspection de Lyon était sur le point de devenir vacante, elle se la fit donner à titre de dédommagement. C'était sans doute à ses yeux un avantage moins flatteur, mais plus utile que celui qu'elle poursuivait, et, pour Roland, c'était un très bel avancement qui le ramenait dans son pays.

Fort satisfait, il vint chercher sa femme à Paris et, après un pèlerinage à Ermenonville, il la ramena à la maison de la rue du Collège où Eudora ne reconnut pas « sa triste mère qui s'y attendait et qui, pourtant, en pleura comme un enfant ».

Dans l'automne de 1784, après un voyage de six semaines en Angleterre, les Roland déménagèrent et vinrent s'installer à Villefranche dans la maison paternelle (1).

A huit kilomètres de là, sur la paroisse de Theizé, la famille possédait, comme nous l'avons dit, une maison de campagne que l'on appelait le Clos de la Platière.

C'était un rustique manoir destiné à l'exploitation du vignoble.

L'antique héritage, dit Mme Roland (2), est assez solitaire, mais agréable. Le pays est montagneux, presque tout cultivé en vignes ; quelques bois sur les hauteurs ; les aspects sont variés ; le ciel y est beau, l'air sain, les soirées délicieuses.

Mais la contrée est si sauvage qu'elle n'est pas rassurée, à cause des loups qu'il y a dans les bois, quand son mari s'en va à cheval seul avec un domestique.

Mme Roland, si l'on en excepte quelques rares séjours à Lyon, vécut moitié à Villefranche, moitié au Clos, mais sans s'y plaire beaucoup, pendant cinq à six ans. Elle dut renoncer à conquérir sa belle-mère qui ne cachait plus un caractère insupportable et bizarre. Le chanoine était plus sympathique, mais l'ensemble de la société bien médiocre. Mme Roland avait eu beau lui faire toutes les concessions, quêter à l'église, rendre des visites fastidieuses, offrir et accepter les sempiternels repas en usage, elle ne rencontrait pas de bien bonnes dispositions chez ce qu'elle finit par appeler « la canaille caladoise » (3). A Lyon, par Roland, elle avait connu quelques personnes plus intéressantes qu'elle aimait à recevoir, notamment lorsque l'Académie de Villefranche tenait ses séances.

C'était un détail caractéristique du mouvement social et littéraire du dix-huitième siècle, que la floraison des Académies de province. Elles étaient quelquefois bien peu importantes, elles étaient toujours extrêmement actives. En faire partie était un

(1) Un pied-à-terre à Lyon suffisait aux besoins de l'Inspecteur des Manufactures.
(2) Lettre à Lavater.
(3) Les Caladois sont les habitants de Villefranche.

honneur disputé ; cinq ou six remontaient au dix-septième siècle, celle de Villefranche justement. Les messieurs de la Platière, l'aîné et le plus jeune, en étaient membres considérés (1).

Lanthenas est souvent à demeure au Clos et Bosc toujours invité à y venir. Dans les intervalles de leurs séjours, Mme Roland entretient avec eux une correspondance assidue. Elle les appelle « notre ami ». Quand elle parle de Roland, elle dit « mon bon ami ». Elle charge Bosc de commissions incessantes et variées. La plupart du temps elle lui demande des livres ou expédie des fleurs à déterminer ; mais aussi elle l'envoie à Vincennes s'informer du chanoine Bimont ; elle lui fait retirer du Mont-de-Piété des hardes engagées par de pauvres gens ; elle le charge d'un envoi de gravures qui arrivent « gâtées » et de vases qui se cassent en route, d'où admonestations doctes et gentilles en vue de donner à l'ami distrait un peu d'expérience pour une autre fois.

Si Eudora est malade, la mère est au comble du tourment. Elle la soigne avec un dévouement total et une intelligence qui sauve la pauvre petite des Diafoirus de la province.

Elle applique à l'éducation de sa fille les principes de Jean-Jacques. Les principes écrits, s'entend. A cinq ans, la malheureuse enfant n'a plus, paraît-il, « une seule idée fausse dans la tête » et, quand elle atteint sa sixième année, le programme de ses travaux et de ses récréations devient quelque chose d'effrayant !

Il est curieux d'observer que, jusqu'aux abords de 1788, Mme Roland ne semble prendre aucun intérêt à la politique. On la voit bâiller sur les gazettes et ne donner un peu d'attention aux changements de ministères que dans la mesure où ils peuvent influer sur la carrière de son mari. Quelque temps auparavant n'avait-elle pas blâmé Lanthenas qui, s'étant engoué de la défense des cadets, s'était avisé de publier un écrit contre le droit d'aînesse ?

De son côté, si Roland s'exprimait parfois avec violence

_____

(1) Roland appartint dans la suite à quinze autres Académies !

contre le monde des hauts fonctionnaires, ce n'était que pour
réclamer des changements de personnes. La théorie des gouvernements n'intéressait guère le mari et la femme qu'au point de
vue abstrait et livresque.

Cependant, de même qu'ils avaient voulu connaître l'Angleterre, « terre de la liberté », ils tenaient aussi à voir la Suisse
dont ils admiraient le régime fédéral — d'après ce que leur en
avait appris le livre du Genevois Delorme.

Revenus de voyage, les Roland s'installèrent au Clos dont ils
étaient maintenant propriétaires à la suite d'un arrangement
de famille.

Depuis un certain temps quelque chose de nouveau se remarquait dans la jeune femme. La campagne semblait la mettre
dans son vrai jour. Elle s'y épanouissait. Elle était moins céré-
brale. Elle s'y découvrait en même temps le sens de la poésie
domestique et un goût confirmé pour la vie des champs. Bêtes
et gens, elle mettait tout en branle et se délectait à commander
une maisonnée en action. C'est ainsi que pour la première fois
l'on pût voir se manifester dans une de ses tendances maîtresses, ce génie impulsif qui, deux ou trois ans plus tard, fera
de la dame du Clos un chef de parti. Écoutez-la parler :

Je fais des poires tapées qui seront délicieuses ; nous séchons des
raisins et des pommes ; on fait des lessives, on travaille au linge ; on
déjeune avec du vin blanc, on se couche sur l'herbe pour le cuver ;
on suit les vendangeurs ; on se repose au bois ou dans les prés ; on
abat les noix ; on a cueilli tous les fruits d'hiver, on les étend dans les
greniers.

Et ailleurs :

Je compte faire la veillée avec nos gens. Je coudrai tandis qu'ils
casseront les noix.

Sainte-Beuve, qui admirait beaucoup Mme Roland, disait
qu'il fallait remarquer en elle l'épistolière d'avant 89 et qu'il
avait même un faible pour elle : « Elle a des gaietés, des élans,
des entrains à ravir, quand elle parle de la vie des champs,
dit-il. ...Elle a des débuts de lettres d'automne qui respirent en

plein la vendange et qui sentent leur fruit... Nous avons une
Sévigné de la bourgeoisie et, mieux que cela, une Sévigné-
George Sand. »

Mais, dans son coin campagnard, elle ne s'intéresse pas
qu'aux fruits de la terre. Elle observe aussi les humains et leur
offre un secours fraternel.

On s'étonne et on s'attendrit quelquefois, dit-elle, aux descriptions de la vie dure et sauvage de tant de peuples éloignés, sans
réfléchir que nos paysans, pour la plupart, sont misérables cent fois
plus que les Caraïbes, les Groënlandais et les Hottentots. Aussi la
mort semble-t-elle un soulagement et à celui qui expire et à ceux qui
l'entourent... Ces gens-là souffrent des mois entiers sans discontinuer
leur travail... C'est une belle école... que le spectacle de la mort du
pauvre !

Au mois de mai 1788, on voit poindre, à de certains signes,
une évolution qui, s'étant faite dans la lenteur et l'obscurité,
semble du premier coup atteindre au paroxysme.

Soudain, Mme Roland écrit à Bosc pour lui demander avec
un intérêt insolite qui est ce M. Carra (1), auteur de la brochure
intitulée : *M. de Calonne tout entier.*

Un autre jour elle s'écrie à l'improviste : « Peut-on parler de
ses misères particulières quand il y en a de publiques ? » Le
Parlement avait engagé la lutte contre Loménie de Brienne et
Calonne, effondré, était sur le point de rendre sa place de Con-
trôleur Général à Necker. La Révolution approchait. Sans la
moindre réserve, les Roland proclamaient leur indépendance
et le vide commençait à se faire autour d'eux.

Le 26 août 1788, étant au Clos, Mme Roland écrit à Bosc :
« Vous, Lanthenas, et de Lyon, vous nous donnez de terribles
nouvelles. C'est le feu, c'est l'enfer de partout. »

Brusquement, le ton de la correspondance est entièrement
nouveau. La politique et les préoccupations de justice sociale
dominent. La cueillette des fruits ne vient qu'après. La pensée
de Mme Roland s'attache avec une ardeur fixe aux événements

____

(1) Carra fut, dans la suite, député à la Convention.

publics. Cela ne l'empêche pas cependant de donner une fête rustique pour clôturer les vendanges et célébrer en même temps l'anniversaire de la naissance de sa fille qui entre dans sa huitième année. Colette et Lucas dansent des rigodons sur les airs sautillants et grêles du dix-huitième siècle, mais au loin la bouche amère de M. de Talleyrand dira bientôt, en ricanant qu'elle est finie la douceur de vivre.

CHAPITRE IV

> « En nous faisant naître à l'époque
> de la liberté naissante, le sort nous a
> placés comme les enfants perdus de
> l'armée qui doit combattre pour elle
> et la faire triompher ; c'est à nous de
> bien faire notre tâche et de préparer
> ainsi le bonheur des générations
> futures. »
>
> (Mme ROLAND. Lettre à Bancal
> des Issarts, 18 avril 1790.)

A la fin du printemps de 1789, Roland tomba gravement malade. Le travail en commun au *Dictionnaire des Manufactures* fut interrompu. Interrompue la lecture de Milton et du Tasse dans le texte original. Presque nulle la correspondance avec Lanthenas et Bosc qui ne reçoivent plus que des billets haletants. Mme de Sévigné avait mal à la poitrine de sa fille, Mme Roland écrit :

Nous avons ensemble fluxion de poitrine et fièvre bilieuse putride. Je savoure à longs traits la perte de ce que j'ai de plus cher au monde ; et, le sourire sur les lèvres, la mort dans mon cœur, je donne tout le jour des espérances que je n'ai plus. Plaignez-moi. Pleurez pour moi, car bientôt ma douleur ne connaîtra plus les larmes.

Au début de l'année, le ménage s'était décidément brouillé avec le chanoine Dominique qui exécrait les idées nouvelles.

Mon beau-frère, écrit Mme Roland, est plus prêtre, plus despote, plus fanatique et plus entêté qu'aucun des prêtres que vous ayez entendus ; aussi, suis-je bien persuadée qu'en haine de nos principes il nous fera peut-être le plus de mal qu'il pourra.

Le ménage avait donc quitté Villefranche pour le petit appartement de la rue de la Charité à Lyon et, depuis que Roland était malade, Eudora était pensionnaire chez un pasteur protestant.

On ne savait quelle allégresse circulait alors dans le sang français, au seul nom de la Liberté.

La convocation des États généraux avait animé des espérances mal définies mais radieuses. D'un bout à l'autre du pays, dans les bourgades et dans les villes, le Tiers s'assemblait, se consultait, composait des pétitions, se préparait consciencieusement à remplir sa charge avec honneur. Les lois contre la Presse étaient inflexibles : des blâmes téméraires contre le régime n'en circulaient pas moins dans d'innombrables écrits que l'on se passait de mains en mains. L'esprit d'examen était entré dans toutes les têtes et n'en devait plus sortir.

Mme Roland, tandis qu'elle mouille des compresses ou change des draps pour rafraîchir le fiévreux, Mme Roland, tandis qu'elle veille, éprouve une sorte d'ivresse civique. L'amour de la justice, l'ardeur de contribuer au progrès du genre humain se mêlent dans sa pensée à l'espoir de sauver le malade. Les dédains de la cour à l'égard des États généraux la font trembler. Ce costume uniforme imposé au Tiers-État, face aux dorures de la noblesse, cette attente sous la pluie devant une porte basse, cette réception méprisante de Louis XVI, ce ton de menace pour ordonner les « délibérations en chambres séparées », la voix tonitruante de Mirabeau, la fière réponse du président Bailly, autant de chocs électriques qui la traversent. Le jour approche où, à Kœnigsberg, le vieux Kant, qui depuis soixante ans est sorti à la même heure du jour, pendant le même nombre de minutes pour accomplir la même promenade, va changer de route et aller vers l'Ouest, au-devant des nouvelles de France. Coup sur coup les événements vont se précipiter.

Les nouvelles les plus extraordinaires arrivent de Paris.

Necker est renvoyé par le roi, la Bastille enlevée par le peuple ;
La Fayette, le héros d'Amérique, commande une Garde Nationale ; le roi se rallie à la Révolution et prend des mains du Maire
de Paris la cocarde aux trois couleurs ; la reine et la cour conspirent contre la Nation ; Necker est rappelé, les princes se
sauvent à l'étranger. Soudain, les lettres ne passent plus.

Bosc, resté sans nouvelles de Lyon, reçoit enfin quelques
lignes du 26 juillet. Roland est sauvé, mais Mme Roland n'a
plus un mot pour ses propres affaires : « Quel est le traître qui
en a d'autres aujourd'hui que celles de la nation? » s'écrie-t-elle.

Bientôt, avec un emportement insolite et dans des termes
qui ne se retrouveront à aucun moment sous sa plume, elle va
reprocher à Bosc trop de mollesse et de puérilité :

Il est vrai que je vous ai écrit des choses plus vigoureuses que
vous n'en avez faites... Vous n'êtes que des enfants. Votre enthousiasme est un feu de paille et, si l'Assemblée nationale ne fait pas le
procès de deux têtes illustres ou que de généreux Décius ne les
abattent, vous êtes tous f...

Le pays lyonnais est agité de remous violents et contraires.
Tandis que la bourgeoisie d'une municipalité écrit une adresse
au roi pour réclamer un « exemple terrible » contre les ennemis
qui osent le braver, une sorte de Jacquerie éclate dans les campagnes. Des châteaux sont brûlés et des bandes de brigands terrorisent les villages. Roland est convalescent mais il a quatre frères.
Une seconde fois Mme Roland se fait l'homme de la famille.
Toute seule elle part à cheval pour défendre le Clos qu'elle
trouve d'ailleurs fort calme. Il y avait une bonne part d'imagination et de contagion nerveuse dans la *grande peur* des paysans.

Les sublimes paroles que l'abbé Fauchet prononce au lendemain du 4 août (1) arrivent jusqu'aux Roland :

Qu'ils ont fait de mal au monde les faux interprètes des divins
oracles !... Ils ont consacré le despotisme, ils ont rendu Dieu complice
des tyrans...

(1) On sait que la proposition d'abandonner les titres et les privilèges

Que dit l'Évangile? « Il vous faudra paraître devant les Rois, ils vous commanderont l'injustice et vous leur résisterez jusqu'à la mort, etc...

Cette pensée, cette éloquence, devaient frapper Mme Roland au milieu du cœur. Du fond de sa province, on la sent frémir à la voix de ce chrétien. Mais il y en avait d'autres. Avec le clergé la lutte est ouverte. Une voix retentit : « Les biens de l'Église appartiennent à la Nation. » Qui a prononcé ce mot hardi?

C'est un inconnu au visage ardent et réfléchi, un jeune amant de la liberté. Évreux l'a envoyé aux États Généraux. Pour la première fois, Mme Roland entend prononcer ce nom : François Buzot.

Roland écrit à Bosc et juge les événements. Il demande des nouvelles. Va-t-on instruire le procès de la reine et des frères du roi? « La fougue, l'impétuosité... le peu de tenue en tout finiront par tout perdre... tant qu'on n'abattra pas de têtes, sans réserve du rang ni du nombre... Plus elles sont élevées, plus elles sont dangereuses. » Et peu après, Mme Roland écrit de son côté des lignes pleines de rudesse, où il y a peut-être un écho de la colère qui l'avait saisie après le banquet des Gardes du Corps, lorsque la reine avait paru avec son fils dans les bras :

Les Français sont aisés à gagner par les belles apparences de leurs maîtres, dit-elle, et je suis persuadée que la moitié de l'Assemblée a été assez bête pour s'attendrir à la vue d'Antoinette lui recommandant son fils. Morbleu ! c'est bien d'un enfant qu'il s'agit ! C'est du salut de vingt millions d'hommes. Tout est perdu si l'on n'y prend garde !

On ne danse plus au Clos après les vendanges de 1789. L'aimable chanoine Bimont vient de mourir à Vincennes et le curé de Longpont, atteint de la pierre, est sur le point de succomber à ses souffrances. Roland est mal rétabli et la pensée

trouva un seul opposant, le député Maury, fils d'un cordonnier. M et Mme de la Platière — comment ne pas sourire? — firent, après le 4 août, le sacrifice de leur nom et ne furent plus que M. et Mme Roland tout court. De son côté M. d'Antic devint M. Bosc et M. d'Anton, Danton.

de la « rustique châtelaine » est toute aux affaires publiques. Le ton de sa correspondance monte dès cette époque à un point de véhémence et de résolution qui ne se démentira plus.

Il faudrait pouvoir citer ici la lettre étonnante datée du « 6 ou 7 octobre ». On y trouverait, non seulement un plan complet des actes que l'Assemblée aurait dû « exécuter sans aucun retard », mais encore cette idée qu'il faudrait *enlever* l'Assemblée à Versailles et l'établir à Paris pour la sauver d'un coup de force militaire. Et cela était écrit au moment même où le peuple de Paris ramenait, pour les mettre sous sa propre sauvegarde, « le boulanger, la boulangère et le petit mitron » avec l'Assemblée, qui s'était déclarée, par décret, « inséparable du roi ».

Mme Roland prend dès lors un ton de chef et d'inspiratrice. La pensée est réfléchie, la phrase brève, la respiration courte. Déjà elle se demande quels sont les meilleurs moyens d'éclairer le peuple et remue dans sa tête les questions de propagande révolutionnaire auxquelles elle consacrera plus tard tant de travail. Elle recommande de faire jouer dans les théâtres certaines pièces de Corneille (1), des tragédies de Voltaire, mais surtout de supprimer avec grand soin dans les petits théâtres « ce qui maintient ou inspire la mollesse, les mauvaises mœurs ou l'esclavage ». Elle termine ses lettres non plus avec des mots d'amitié, mais en des termes virils : « Ceux qui ne peuvent que réfléchir doivent répandre leurs idées. Faites passer une copie des présentes au comité des électeurs... »

Si elle prévoit les événements, elle juge aussi les hommes avec une perspicacité surprenante. Voyez comment, de son Beaujolais, avec des moyens d'information bien réduits, elle parle de Mirabeau, Mirabeau qui rêvera du rôle d'arbitre entre la Révolution et la Monarchie, Mirabeau qui croira pouvoir mettre la reine sous sa domination :

Ce Mirabeau est un génie que j'admire et que je crains ; il a soutenu, dans deux circonstances, de si mauvais principes par de si mauvaises raisons que, depuis cette époque, il m'inspire de la méfiance. Voyez son avis sur le *veto* principalement.

(1) Hormis *Cinna*.

Sept mois plus tard Mirabeau traitait avec la cour.

Peu après, elle émet dans une lettre à Bancal la première conception du camp de Paris que Servan fera adopter en juin 1792. En août 1790, elle plaide ardemment pour la liberté de la presse, la liberté *indéfinie*, et la loi ne sera votée qu'en avril 1796.

Roland, revenu à la santé, ne restait pas inactif et, en mars 1790, s'était fait élire membre du Conseil Général de la Commune. Roland trouvait-il que sa femme écrivait mieux que lui dont le style était curieusement obscur et rocailleux? C'est probable. Ce qui est certain, c'est qu'à partir de cette époque, ce fut elle qui rédigea toutes les pièces rendues publiques signées du nom de Roland. Mais tout démontre qu'elle ne chercha jamais à pousser son mari au second plan. Loin de là, c'est avec la spontanéité la plus naturelle qu'elle le met toujours en avant, proclame l'amour qu'elle lui porte et la soumission qu'elle lui doit, loue en toute occasion sa « rigide probité », l' « austérité de ses mœurs », l' « inflexibilité de son caractère », son « âpreté à combattre les abus ». L'indépendance, le désintéressement sont les lois du ménage. Par application d'un système qu'elle pousse aux extrémités, elle ne s'embarrasse, à la lettre, d'aucune considération dans la voie où elle s'est librement engagée pour la recherche du juste et du vrai. Nous verrons qu'elle ne fléchira pas.

Des émeutes avaient éclaté à Lyon après la suppression des octrois prêchée par Roland.

La voix publique accusait celui-ci de fomenter l'insurrection et « débitait mille atrocités sur son compte ». A Villefranche, son domestique était arrêté dans les rues et « interrogé s'ils n'ont pas peur d'être pris ». Mme Roland est accusée d'avoir visité tous les galetas de Lyon et répandu de l'argent chez les malheureux pour les engager à la révolte. Au vrai elle vit d'une manière si retirée que personne ne la connaît et, quant à Roland, « beaucoup de gens le prennent pour un abbé, soit à cause de son costume, soit pour sa mine discrète ». Mme Roland empêche son mari de tenir tête à ce mouvement hostile en lui faisant observer que, s'il est glorieux de mourir pour la patrie, « ce n'est pas au réverbère » et, « comme l'usage ne s'est pas encore introduit de lanterner les femmes, c'est elle qui ira à Lyon, car elle est décidée à voir les choses de près ».

Par Lanthenas qui était à Paris et qui, dès le premier moment s'était mêlé, ainsi que Bosc, au parti révolutionnaire, les Roland s'étaient fait des relations qui devaient exercer une grave influence sur leur destin. Ils avaient correspondu avec Camille Desmoulins et publié dans son journal un article sur les événements de Lyon. Mais c'est surtout Brissot qui devait jouer un rôle décisif dans leur carrière.

Honnête homme, Brissot vécut et mourut pauvre. Les trois chemises que sa femme faisait sécher à la fenêtre du grenier de Saint-Cloud lui composent un décor sans lequel on ne saurait plus l'imaginer. Admirateur de Franklin et de Washington, il avait fondé *le Patriote français*, qui parut pour la première fois le 28 juillet 1789. Sous le titre il avait inscrit en épigraphe : « Une gazette libre est une sentinelle avancée qui veille sans cesse pour le peuple. »

Cette feuille ne tarda pas à prendre de la place et à exercer de l'influence. Bosc et Lanthenas venaient souvent voir Brissot. Ils lui montraient ce qui concernait l'intérêt général dans les lettres de Mme Roland, et Brissot en intercalait des passages entiers dans ses propres écrits. Peu à peu Mme Roland, avec un goût prononcé et une profonde ferveur, se mit à composer ses lettres en forme d'articles. Brissot les recevait et les publiait en bonne place.

Par Bosc, par Brissot, par Creuzé-Latouche, les Roland entrèrent aussi en correspondance avec Henri Bancal des Issarts, qui avait quitté, quelques années plus tôt, son pays d'Auvergne pour être notaire à Paris, mais qui venait de s'apercevoir qu'il n'avait aucun penchant pour son état. En conséquence, il avait vendu son étude et était entré de plain-pied dans le mouvement révolutionnaire. Il avait été l'un des premiers membres de la *Société des Amis des Noirs*, fondée par Brissot contre l'esclavage, et ne manquait pas une des promenades philosophiques que Bosc menait le dimanche, tout en herborisant, à travers la forêt de Montmorency.

Ces hommes, profondément imprégnés des idées de Jean-Jacques, agitaient alors un grand projet. Ils rêvaient d'acheter un des vastes domaines ecclésiastiques qui allaient être vendus à titre de « Bien national », et d'y fonder une « Société agricole ou d'amis », dont nous avons le plan, écrit tout entier de la main de Brissot. Ils auraient vécu là comme les bergers en Arcadie, « philosophant, répandant les lumières » et cultivant leurs champs d'après les principes américains dont Saint-John de Crèvecœur venait de faire la dernière mode de Paris.

Lanthenas pensa que Bancal, qui était riche, serait une bonne recrue pour la future Société et communiqua son idée aux Roland.

C'est ainsi que la correspondance s'engagea entre Mme Roland et Bancal qui avait fixé son centre d'action à Clermont-Ferrand. Invité à venir au Clos, il jugea que cette offre s'accordait avec son projet de parcourir les provinces comme un apôtre de la Liberté, en prêchant le nouvel évangile.

Au Clos, l'ami de Bosc et de Lanthenas était attendu avec impatience.

Un penchant mutuel les conduisit rapidement Mme Roland et lui à une douce familiarité. Dans les longues promenades où ils goûtaient le plaisir délicieux de se reconnaître des âmes fraternelles, ils ne parlaient pas seulement du progrès des idées révolutionnaires, ils s'attendrissaient devant les spectacles de la nature, ils faisaient des rêves :

Les bons esprits, disait la jeune femme, devraient se réunir pour arrêter le plan de la législature actuelle. A Lyon j'ai vu l'autre jour l'effrayant drapeau rouge suspendu à l'Hôtel Commun dont les entrées étaient gardées par des dragons et des Suisses. Mon cœur s'est serré à cet aspect. J'ai gémi sur le peuple abusé. Mon cœur saigne de tout ce que je prévois.

— Apaisez-vous, ma digne amie, je vous en conjure, s'écriait le jeune homme dont les yeux étaient prêts à se mouiller de pleurs. Conservez-nous cette âme énergique remplie du feu du sentiment et de la force de la raison. Je vois vos joues pâlir. Ménagez-vous au nom de la patrie !

Mais, déjà, elle s'était reprise :

— Rassurez-vous, disait-elle avec un sourire enjoué et sur un ton de rondeur. Depuis que nous sommes à la campagne, j'ai pris beaucoup de lait et son usage habituel a dissipé l'irritation que je sentais à la poitrine. Au reste, il ne faut qu'un peu de contrariétés extérieures pour rappeler ma vigueur. Je sens que si la guerre vient, je reprendrai mes forces et ma santé.

Bancal, partant pour Paris où il veut assister à la fête de la Fédération, lorsqu'il met le pied à l'étrier, est obligé de se détourner brusquement pour cacher ses larmes.

— Quand vous serez à Paris, dit la jeune femme avec sensibilité, envoyez-moi un exemplaire de la Déclaration des Droits.

Peu de jours après, étant à Lyon, elle lui écrit :

J'ai quitté aujourd'hui, au soleil levant, ma solitude et mon ami (1). Comme il faisait bon dans les bois, doucement abandonnée aux impressions de la nature à son réveil ! J'ai beaucoup songé à vous. J'ai repassé sur une partie du chemin que nous avons fait ensemble... Vous êtes appelé à connaître tout ce qu'il y a de félicité en ce monde, car vous sentez le prix de la vertu.

Mais Bancal lui répond d'un autre ton. La jeune femme en est émue, nous le devinons. Cependant, dans une lettre admirable que Michelet aurait voulu lire à genoux, elle s'oblige à écrire qu'il ne faut pas « attacher son bonheur à des moyens faux, » et que s'il a « une espérance », elle se doit de « l'interdire ».

Et puis elle le « prêche », car elle le trouve trop disposé à prendre pour « infaillibles » les opinions qu'elle a seulement présentées comme probables. C'est lui rappeler, dit-elle, combien elle doit « user de rigueur envers elle-même ».

Témoigner à quelqu'un qu'on a tant de créance, c'est l'obliger à ne jamais se tromper. Veuillez donc me critiquer quelquefois, ajoute-t-elle. « J'ignore tout depuis trois jours. Je n'ai entendu que

____
(1) C'est ainsi qu'elle parle toujours de Roland.

le bruit des fléaux qui battent le blé ; je n'ai vu que nos bêtes et je n'ai fait que des confitures. »

Et quelques lignes plus loin :

Si vous voyez Brissot, dites-lui bien que je ne crois pas que mes opinions soient des lois.

La lettre finit par un résumé de la situation :

Je ne vous dis rien nommément de mon ami ; nous n'avons qu'une âme et les expressions de l'un vous assurent des sentiments de l'autre.

C'est à ce moment que les regards convergents des amis de Paris commencent à se fixer sur cette muse de département toute enflammée de l'amour du bien public. Il y avait une part de séduction dans son crédit. Même de loin, son ascendant commençait à *cristalliser*. Quand elle arrivera à Paris, elle y trouvera son cercle, en quelque sorte formé d'avance, qui l'attendait. Son originalité sera de savoir entrelacer les liens d'une douce amitié aux rigoureux devoirs du patriotisme et de la foi conjugale ; un charme féminin honnête et tendre aux fermes inspirations d'un de ces esprits que l'on qualifiait alors de « philosophiques ». Elle est à la fois le chaste rosier blanc qui foisonne de touffes plantureuses et le mur bien construit qui le soutient. Elle écrit à Bancal :

L'horizon me semble chargé ; de nouveaux incidents s'accumulent, une crise se prépare... Je dis que j'ai peur et c'est le mot, car je ne suis pas femme à vous engager de quitter le poste si quelque devoir vous commande de le garder, ni à voir tranquillement mes amis dans un péril que je ne partagerais pas avec eux.

Dans des lettres sans aucune équivoque, elle **répète avec** constance à tous ces hommes plus ou moins épris :

Cette franche et bonne amitié fera le plus grand charme de notre vie et nous ne serons pas inutiles à nos semblables.

C'est son programme de gouvernement privé.

En novembre 1790, Roland qui s'est fait nommer officier
municipal à Lyon, demande au Conseil Général le retrait des
troupes envoyées pour rétablir le calme après l'émeute du
25 juillet.

Sa mère venait de mourir à quatre-vingt-douze ans et il
s'était tant bien que mal réconcilié avec le chanoine Dominique.
Mme Roland lui avait conseillé de faire les premiers pas et avait
écrit à sa place, comme d'usage. Cependant, quand elle avait
fait de mauvaises découvertes dans un caractère, elle ne les
oubliait plus et jamais elle ne rendit sa confiance au chanoine.

Roland était en train de devenir, avec son ami Champagneux,
fondateur du *Courrier de Lyon*, un des chefs de la municipalité de Lyon. Leurs idées sont libérales, sans plus. Roland,
fort considéré, est bientôt chargé, avec Bret, Procureur de la
Commune, d'une mission pour l'Assemblée nationale. Il s'agit
d'obtenir que l'État prenne à sa charge la dette de la Ville de
Lyon, 39 millions presque entièrement imputable à l'ancien
régime.

Le 20 février 1791, M. et Mme Roland arrivèrent à Paris.
Bosc avait été chargé du logement : « Nous ne voulons plus
habiter le pays latin, avait écrit la voyageuse, en grande effer-
vescence, comme on peut croire, à l'idée de cette transplanta-
tion. Nous avons pensé que nous serions plus à portée des
affaires dans la partie du faubourg Saint-Germain qui s'étend,
par exemple, depuis la rue Mazarine jusqu'au voisinage du
pont Royal. » Elle ira au second aussi bien qu'au premier. Elle
ne tient qu'à la propreté ; tout au plus voudrait-elle que les
chambres fussent « en couleur et frottées ». Elle ajoute : « Nous
serons six à loger. » Outre les Roland, il y avait le procureur
Bret, l'inséparable Lanthenas et les domestiques. Quant à la
petite Eudora, elle avait été mise au couvent de la Visitation,
à Lyon.

M. et Mme Roland s'installèrent rue Guénégaud, dans un
bel appartement, au premier étage de l'Hôtel Britannique. Le
premier soin des Roland, dès l'arrivée, fut d'aller rendre visite
à Brissot qu'ils n'avaient encore jamais vu. Brissot les con-

duisit chez Pétion et, en sortant, Mme Roland, dans l'enthousiasme, écrivit à Bosc : « O Liberté, ce ne sera pas en vain que
de généreux citoyens se seront voués à ta défense ! » Ne trouve-
t-on pas ici, dès qu'elle respire l'air brûlant du Paris révolutionnaire, le mouvement de la phrase illustre que la tradition
lui prête et que sans raison, la critique voudrait lui reprendre?

Les lettres de Mme Roland qui, à cette époque, vit entre son
mari et ses amis, nous feraient défaut si Bancal, après avoir
échoué aux élections, n'était allé honnêtement oublier son
amour en Angleterre, sous prétexte d'observer sur place les
effets de la Constitution anglaise. Cette singularité de ne pas
habiter Paris, où ses opinions auraient dû lui faire une loi de
demeurer et où son groupe ne cessait de l'appeler véhémente-
ment, nous a valu l'admirable collection des lettres que Mme Roland, toute vibrante de passion civique, lui adressait au jour
le jour.

Lanthenas aussi écrivait à Londres :

Mme Roland a été malade les premiers jours que nous avons été
ici. Elle a cependant été à l'Assemblée Nationale. Elle en connaît
maintenant les principaux personnages et elle s'est convaincue que
la liberté, la Constitution, ne doivent pas tenir et ne tiennent pas
aux hommes qui ont paru le plus dans le premier moment de la Révolution.

Tous attachent une importance majeure aux vues de leur
grande amie. Un projet qui n'a pas été soumis à sa critique ne
leur paraît pas mis au point. Ils sentent le besoin d'éprouver
leurs opinions en les discutant avec elle, avant de les produire
en public. Ainsi qu'en témoigne la correspondance, la vérité
est que la plupart des idées politiques de son clan, venaient ou
viendront d'elle. Elle est, dès maintenant, la femme dont
Michelet a reconnu « la toute-puissante action en 1792 », celle
dont M. Madelin a dit : « Cette femme a, plus que la plupart
des hommes de sa génération, influencé le destin de 1791
à 1793... »

On le sentait bien dans les réunions de patriotes qui s'étaient
organisées, presque d'elles-mêmes, dans son salon, quatre fois

par semaine, après les séances de l'Assemblée et avant celles
des Jacobins. Il y avait là Brissot, Pétion, Robespierre, Buzot,
Louis de Noailles, Bosc, Lanthenas, etc., et aussi une femme de
mérite que Bosc avait amenée, Sophie Grandchamps.

Mme Roland continuait à donner des articles aux journaux,
mais sans les signer. Elle tenait à cet anonymat :

Je ne crois pas, disait-elle, que nos mœurs permettent encore aux
femmes de se montrer ; elles doivent inspirer le bien et nourrir,
enflammer tous les sentiments utiles à la patrie, mais non paraître
concourir à l'œuvre politique.

On retrouve ici la jeune fille qui résistait à M. de Boismorel
lorsqu'il lui promettait une carrière dans les lettres. Ce souvenir dut, plus d'une fois, poindre dans sa mémoire au moment
où, avec une émotion caressante, elle retrouvait les paysages
de sa jeunesse et les vieux parents qui y habitaient encore.

Mme Roland ne semblait pas changée depuis son mariage.
A peine si sa taille, qui avait toujours été opulente, s'était un
peu épaissie.

Tous les contemporains qui l'ont connue à cette époque
disent qu'elle avait l'air d'être la fille de son mari. Ils parlent
de son teint limpide et de sa peau fraîche, de sa marche légère,
de ses grands cheveux noirs — qu'elle n'arrangeait peut-être
pas très bien.

Mme Roland était de ces femmes qui, bien que sujettes à
toutes sortes de petits maux, ne perdent pas pour cela un air de
santé réjouissant. Sa mise était très simple, un peu provinciale
même et une propreté difficile en faisait le seul ornement. Ses
robes étaient froncées sous les seins ; son corsage uni, ses
manches plates, et son fichu de linon blanc découvrait de belles
chairs. Elle venait de quitter la poudre et n'eut jamais de
bijoux. Elle n'était pas coquette car elle avait remarqué qu'elle
plaisait au naturel. Son nez, un peu gros du bout, faisait inter-
venir le signe de la bonté dans un ensemble épanoui et cordial
où un sourire presque caustique ajoutait une piquante contradiction. Elle parlait admirablement, mais écoutait mieux encore.
L'intelligence et la sympathie brillaient dans son accueil.

Manon Phlipon était la même, mais Paris, oh ! combien
Paris avait changé ! La ville était pleine d'étrangers qui venaient
on ne savait d'où. Les émeutes se succédaient. Dans les rues,
le sang coulait souvent. La guerre civile pouvait éclater d'un
jour à l'autre.

Au moment de la fuite du roi, il est intéressant d'observer
Mme Roland.

Quand, avec une sorte de colère sacrée, elle apprend la nouvelle, une lettre à Bancal est là sur sa table, prête à partir. Elle
la décachette et y ajoute un *post-scriptum* frémissant :

On ferme les boutiques. On s'agite de toutes parts. Il est presque
impossible que La Fayette ne soit pas complice (1). Voilà la guerre
déclarée.

Toute la France crut, avec Mme Roland, que la fuite de
Louis XVI allait déchaîner la guerre étrangère et, dès le lendemain, une levée de cent mille volontaires avait été décrétée. Si
la guerre fut momentanément conjurée, c'est que la couronne
resta au roi. Mais tous les ministres sont encore là, disait
Mme Roland, et « tous sont les plus grands ennemis de la
Révolution. »

D'un coup soudain, la fuite de Louis XVI a rendu Mme Roland républicaine autrement qu'en théorie et bien avant les
hommes politiques les plus avancés (2).

Tout le monde a sur les lèvres le mot de république, sauf l'Assemblée et les Jacobins qui entrent en convulsions à cette seule
idée (3).

Hier, dit-elle, à 5 heures du soir, réunis avec Robespierre et plusieurs autres (4), nous nous considérions sous le couteau.

(1) Danton accusa nettement La Fayette d'être complice de la fuite du roi.
(2) Hormis Brissot qui était républicain dès avant 1789.
(3) Personne n'était alors républicain. Aux Jacobins, la première fois que
le mot fut prononcé, les députés présents se levèrent en criant : « Nous ne
sommes pas des républicains. » Marat était royaliste et catholique. Plus tard
Robespierre devait dire : « La République s'est glissée entre les partis, sans
que personne ait su comment. »
(4) Chez elle ou peut-être chez Pétion.

Elle va aux Jacobins où, « dans un transport inexprimable, genou en terre, épée nue à la main », est renouvelé le serment « de vivre libre ou de mourir ». Soudain, arrive la nouvelle que « le roi et sa femme » ont été arrêtés en Lorraine, par une petite municipalité, près de Stenay. Trente à quarante mille gardes nationaux accourus dans le moment ont entouré les « grands brigands ». Que fera-t-on? se demande-t-elle. Puis elle répond à la question sur un ton fort grave :

Il me semble qu'il faudrait mettre le mannequin royal en séquestre et faire le procès à sa femme.

Le sinistre Vadier, futur président du Comité de Sûreté Générale, était au même instant à la tribune et faisait un véhément appel à une « Convention nationale qui jugerait le roi, ce roi fugitif ». Il s'était écrié, avec une violence inouïe, que Louis XVI était parjure, traître à la patrie, « brigand couronné », ce qui avait soulevé la tempête dans l'Assemblée.

L'indignation de Mme Roland — c'est une étrange rencontre — s'exprime dans des termes identiques. Au moment où Vadier disait « brigands couronnés », elle écrivait « grands brigands ».

Jusqu'à présent elle s'était tenue, disait-elle, « au rôle paisible et au genre d'influence propres à son sexe ». C'était bien tant que la paix durait. Mais, puisque le roi a déclaré la guerre, Mme Roland, « persuadée que le zèle et une bonne pensée peuvent quelquefois être très utiles », va se faire inscrire aux *Sociétés fraternelles*, qu'elle n'avait pas beaucoup approuvées jusqu'alors, réunions populaires où les femmes dominaient, où il y avait jusqu'à des enfants. C'est à Bancal qu'elle fait part de ce projet et sa lettre se termine par ce mot où l'avenir retentit :

« Adieu. J'espère que nous nous reverrons. »

Cependant on ne savait que faire du roi. Aux Jacobins, Danton proposa de le déclarer *imbécile, au nom de l'humanité*. Mme Roland voulait une consultation nationale et que tous les Français répondissent par oui ou par non à la question de savoir s'ils voulaient conserver la forme monarchique du gouvernement.

Chez les Roland, les habitués sont réunis et se consultent dans la fièvre sur le parti à prendre. La fuite de Louis XVI est d'autant plus vivement ressentie, que l'on voit dans la famille royale l'otage qui garantit la France de la guerre avec les rois voisins et des représailles de l'Émigration. Finalement, chacun se rallie à l'idée de laisser Louis XVI « en suspens » et de nommer pour l'exécutif un président national temporaire, « le héros des Deux Mondes » par exemple, suggèrent les partisans de La Fayette.

Une véritable majesté plane sur les lettres que Mme Roland écrit alors. Toujours y revient, comme une dominante, l'idée qu'elle mourra tranquille, quand l'heure aura sonné, contente si, en quelque mesure, elle a pu contribuer au bonheur des générations à venir. Un siècle plus tard, les soldats de 1914 à 1918 qui, eux, n'étaient soutenus d'aucun lyrisme et dont le cri de guerre n'était qu'un : « Il le faut ! » sombrement résolu, disaient eux aussi qu'ils donnaient leur vie pour le bonheur futur de leurs enfants.

La Fayette perdait peu à peu la confiance enfantine que le peuple avait mise en lui. Par ses gardes nationaux, il avait été le maître de Paris et, par extension, de la France dont il rêvait de devenir le Washington. Médiateur entre l'Assemblée, le roi et l'émeute, allant des uns aux autres, il n'était pas libre et cela se voyait. Ses parents et ses amis personnels exécraient la Révolution. Il voulait plaire à la reine qui le regardait comme un traître et le haïssait ; il voulait plaire à sa femme qui était très dévote ; il voulait plaire au peuple et il était cousin du marquis de Bouillé, son complice dans l'abominable massacre de Nancy: « La Fayette court à l'oubli ou à la mort », s'écriait Mme Roland, qui avait horreur du manège et dédaignait superbement les convenances privées. Bailly, La Fayette, ont-ils commandé le feu au massacre du Champ-de-Mars ? En fait, la vérité est restée très obscure. Mme Roland est-elle injuste en accusant formellement La Fayette (1)? Le complot royaliste n'est pas

(1) Ici encore, Mme Roland se rencontre curieusement avec le sombre Vadier. Elle n'avait pas le tempérament « girondin », c'est une remarque que

douteux. Les gardes nationaux tirèrent probablement sur un ordre mal donné, mal compris. L'un d'eux se tua le soir d'un coup de pistolet après avoir écrit un mot que l'on retrouva sur lui : « J'ai juré de mourir libre. La liberté est perdue, je meurs. »

Le pouls de Mme Roland bat avec une agitation croissante. « La cour nous joue, s'écrie-t-elle avec fureur. L'Assemblée n'est plus que l'instrument de la corruption et de la tyrannie, une guerre civile n'est plus un malheur... et comme la liberté est perdue sans elle, nous n'avons plus à la craindre ou à l'éviter. » Elle apostrophe Brissot dans une lettre enflammée qu'il publie dans son journal en notant qu' « une Romaine » la lui avait écrite.

« Jette ta plume au feu, généreux Brutus, et va cultiver tes laitues ! » s'écrie-t-elle. Elle parle du « vigoureux Robespierre », du « sage Buzot », et c'est la première fois que ce nom paraît sous cette plume du moins dans les papiers qui nous sont parvenus. Pour être allée à l'Assemblée le jour où se discute l'organisation de la Garde Nationale, Mme Roland « fait vœu de ne plus retourner dans cet antre abominable où l'on se rit de la justice et de l'humanité ». Des députés comme Dubois-Crancé, d'André, Rabaud Saint-Étienne, ont demandé que seuls les « mendiants » ne puissent faire partie de la milice. Il y a cependant « beaucoup de pauvres gens qui sont momentanément obligés de recourir à l'assistance et qui n'en sont pas moins de bons et utiles citoyens », dit-elle. Et sa lettre se termine, comme presque toujours, sur un coup de clairon (supprimé par Brissot dans *le Patriote français*) :

Battons aux champs ou en retraite. Il n'y a plus de milieu.

Avec désespoir elle voit la Révolution sans chef et livrée au hasard :

Le peuple l'a faite par lassitude de l'esclavage. La nation éveillée a forcé ses représentants de s'élever à la hauteur où l'indignation

l'on peut faire plus d'une fois lorsqu'on essaie de la suivre dans l'intimité de sa pensée. Vadier dit : « Je fis cette motion [pour le jugement du ro fugitif] au milieu des baïonnettes et des poignards, dans cette semaine trop mémorable où le traître La Fayette fit égorger 1200 victimes au Champ-de-Mars. »

l'avait portée. Maintenant que les bases de la Constitution sont posées, elle regarde faire les législateurs qu'elle s'est donnés. Ceux-ci, abandonnés à leurs propres facultés, ne sont plus généralement que les hommes médiocres ou corrompus du régime passé.

Elle n'a pas « le courage de dire tout le mal qu'elle pense de l'Assemblée, mais elle est persuadée qu'il ne faut en attendre que de funestes décrets ». Et encore :

Dans l'Assemblée, il n'y a pas du côté gauche un seul homme à caractère... Ils sont occupés de petits intérêts personnels et, en vérité, ils sont tous des hommes médiocres quant aux talents mêmes. *Ce n'est pas l'esprit qui leur manque, c'est l'âme* (1).

Louis XVI signe la Constitution le 14 septembre 1791. Mme Roland s'insurge contre les traces d'ancien régime (2) qui ont été conservées pour obtenir le seing royal. Mais le public n'a pas sa clairvoyance. Il ne sait pas que, revenant de la séance solennelle où il avait engagé son honneur, ce roi avait envoyé le soir même un courrier secret à l'empereur Léopold pour appeler les Autrichiens en France.

Une immense rumeur de jubilation grandit d'un bout à l'autre du pays. On s'embrasse, on danse. Tout le monde croit que la Révolution est terminée, qu'il n'y aura pas de guerre et que le peuple français va enfin pouvoir jouir de ses conquêtes.

Dans le désarroi de ses grands espoirs, Mme Roland, humiliée, déçue, semble douloureusement se traîner à terre comme l'oiseau capturé qui, à la place de ses grandes ailes, ne se sent plus que des moignons sanglants. Amère confrontation des rêves et de la réalité !

Cependant, son courage est toujours prêt à rebondir et pour une heure, elle sort de son abattement quand l'Assemblée décide qu'aucun de ses membres ne sera rééligible. Ce mouvement — les doctrinaires de la Révolution aimèrent toujours les gestes de théâtre — décoratif dans la théorie, absurde

____

(1) C'est l'auteur qui souligne.
(2) Notamment le droit de *veto*.

dans la réalité, la réconforte parce qu'il satisfait le grand esprit de désintéressement qui rayonne en elle.

Robespierre est au premier rang de ceux qui ont fait voter l'inéligibilité. Lui aussi est content. « Les intrigants s'éloigneront, dit-il, tant mieux. La vertu modeste les remplacera ». Mme Roland se hâte d'annoncer le vote à Bancal : « C'est une excellente chose ! », dit-elle avec tout le parti dont le caractère chimérique est mis là en pleine lumière et qui, ayant bien su abattre, ne se sent pas le même entrain pour construire. Elle pense qu' « il faut des hommes nouveaux ». Maintenant, « c'est la grande affaire ». Il y a là un manque de bon sens très frappant chez cette femme dont les facultés se tenaient en si bel équilibre, dont l'esprit était très positif, très pratique, et qui ne commettait aucune faute dans l'organisation de sa vie privée.

L'utopie était dans l'air. Mme Roland la respirait et la communiquait.

L'Assemblée Législative se réunit le 1er octobre 1791 et dura jusqu'au 20 septembre 1792.

Sur 745 députés on comptait 400 avocats. La plupart, sans aucun relief, n'avaient pas trente ans.

L'Assemblée était divisée en deux : la Gironde et la Montagne.

On sait que la Montagne était l'extrême gauche. La Gironde tira son nom des jeunes députés envoyés par le département de la Gironde : Vergniaud, Gensonné, Guadet, Ducos, Fonfrède, etc. Tous avocats et pleins d'un impatient génie, marquèrent bientôt par le talent, sinon par les actes. Entre la Gironde et la Montagne, il y avait le Centre, qu'on appelait la Plaine, ou le Marais, ou le Ventre. Plus puissant et plus nombreux que les autres groupes, il faisait encore voter avec lui un certain nombre de députés hésitants. Ce sont les historiens plutôt que les contemporains qui se sont servis des termes de Gironde et de Girondins (1) pour désigner le parti

(1) M. Aulard pense que c'est Thiers et Charles Nodier qui généralisèrent le nom de Gironde pour désigner un parti auquel appartenaient des députés

des *Patriotes*, celui de Mme Roland. On disait plutôt alors les Brissotins, les Rolandistes, les Buzotins, les Bordelais. Brissot, l'abbé Fauchet, évêque constitutionnel du Calvados, soutenaient également ce parti qui comprenait aussi les anciens zélateurs de La Fayette et certains des premiers Jacobins, Manuel et Condorcet en tête.

Il n'est pas tout à fait exact de dire, avec la plupart des historiens, que Mme Roland fut un « chef de parti ». La Gironde était un parti composé de clans. Mme Roland était, si l'on veut, le chef ou plutôt l'inspiratrice du clan Roland, Lanthenas, Barbaroux, Bosc, Buzot, Brissot, Pétion, etc., mais il est vrai que, dans le parti, cette fraction (qui ne comprenait cependant pas Vergniaud) était la plus brave, la plus éloquente.

Chef ou inspiratrice, pour le moment Mme Roland est lasse de Paris. Paris était beau à voir à l'aube de la Révolution. Maintenant Paris lui fait pitié. Elle aspire à l'air frais et pacifiant de la campagne. Le Clos l'appelle comme un asile. Elle veut « revoir ses arbres » et fixe son départ.

D'ailleurs, la mission de Roland est terminée : la ville de Lyon a été exonérée de 33 millions sur 39.

Le 3 septembre 1791, Mme Roland se met en route. Elle emmène sa nouvelle amie Mme Sophie Grandchamps, trop souvent l'occasion de difficultés avec Bosc, homme sensible et nerveux, parfois d'humeur assez difficile.

Combien Mme Roland est une amie bonne et patiente ! Comme elle comprend ! Comme elle excuse ! Comme elle écrit de tendres lettres ! Comme elle persuade doucement, chaleureusement !

La veille de son départ pour le Beaujolais, elle apprend que Bosc lui reproche d'avoir organisé en dehors de lui le voyage de Mme Grandchamps au Clos. Au milieu des tracas et des paquets, mal portante par surcroît, elle vole rue des Prouvaires, chez l'ami susceptible qui s'arrange pour être absent. Mais elle

d'autres départements, tels que Buzot, Pétion, Barbaroux, etc. Le livre de Lamartine a popularisé le terme de *girondin*, qui n'était presque pas employé à l'époque.

se refuse à partir sans l'avoir vu. Elle le cajole, elle l'appelle son ami et son fils, jusqu'à ce que la paix soit revenue dans un cœur aisément troublé qui ne répondait d'ailleurs qu'avec trop d'entraînement à une amitié si prodigue et si débonnaire.

Le voyage est gai et remarquablement inconfortable. Ce n'était pas une petite entreprise. Il fallait cinq jours pour faire la route. Trois de Paris à Chalon-sur-Saône par Auxerre, et deux de Chalon à Lyon par le coche d'eau. Le plus grand souci de la voyageuse est de laisser des brochures de propagande partout où elle passe. Elle est femme et jeune encore. Le mouvement et le spectacle du voyage suffisent à la divertir de l'humeur sombre où elle plonge depuis plusieurs mois ; toutes les racines de son être se rafraîchissent au contact de la nature.

Roland se présente aux élections législatives de Lyon, mais n'est pas élu. Sa femme convient qu'elle en éprouve « quelque peine » (l'expression est certainement amortie), car maintenant qu'elle a goûté à la fièvre de Paris, elle se résignerait malaisément à vivre en Beaujolais :

Toute la nullité de la province m'a paru tomber sur ma tête. Je me suis sentie comme ensevelie dans le vide et l'obscurité.

Elle n'a plus pour Eudora cette tendresse expansive que nous lui avons connue. En arrivant de Paris, son premier mouvement n'a pas été de courir vers sa fille qui, au contraire, de son couvent, envoie trois fois en deux heures pour réclamer sa mère. Mme Roland est de cette sorte de parents qui ont besoin d'être flattés dans la personne de leur enfant. Or, la pauvre Eudora n'est qu'une jolie petite fille qui ne berce l'orgueil de sa mère ni par un esprit précoce, ni par une mémoire ornée.

Mme Roland écrit à son mari :

Il ne faut pas se le dissimuler, ta fille est sensible, elle m'aime, elle sera douce, mais elle n'a pas une idée... elle a l'air de sortir de nourrice et de ne promettre aucun esprit. Elle m'a joliment brodé un sac à ouvrage et elle travaille un peu de l'aiguille ; d'ailleurs aucun goût n'est né chez elle et je commence à croire qu'il ne faut pas s'obstiner à en attendre beaucoup.

A ce moment la situation des Roland reçoit un coup sensible : l'Inspection des Manufactures est supprimée et le ménage, privé d'un traitement de 5 000 livres, éprouve de sérieuses préoccupations. Il faut vivre.

S'ensevelir au Clos est pour Mme Roland une idée intolérable. Elle a sur son mari une influence déterminante. A Paris, par leurs nouvelles relations, certainement il trouvera des travaux à sa mesure et elle le pousse au départ.

M. et Mme Roland quittent le Beaujolais en décembre 91 et se réinstallent à l'Hôtel Britannique en se contentant, cette fois, d'un petit appartement au troisième étage.

Roland, plein d'activité, multiplie les démarches, mais sans grand résultat. Il s'occupe de faire liquider sa pension de retraite et reprend son Mémoire sur les *Arts industriels*. Pendant les huit mois écoulés, les choses ont changé de face. La société de l'an dernier s'est dispersée. Les Constituants sont retournés chez eux. Pétion a été nommé maire de Paris et semble, ainsi que sa femme, assez vain d'une popularité qui grandit de jour en jour. Les réunions si animées qui se tenaient dans le salon de la rue Guénégaud sont sans aliment et les Roland presque isolés. Ils sont astreints à beaucoup d'économie et l'hôtel est cher. Afin de diminuer la dépense, ils louent moyennant le prix annuel de 450 livres, rue de la Harpe, au numéro 51, un petit appartement sur la cour, qui sera libre après Pâques.

Cependant la politique reste leur objectif. Bosc, qui est membre du comité des Jacobins, fait recevoir Roland au Club dont Lanthenas est vice-président et Bancal secrétaire. Roland aussi devient bientôt secrétaire et sa femme travaille avec lui à la correspondance.

Trois mois avaient passé et les choses en étaient là, quand une crise ministérielle se produisit.

Le roi, faisant un pas vers l'Assemblée, avait appelé Dumouriez aux Affaires étrangères et l'avait, en outre, à peu près chargé de la constitution du nouveau Conseil.

Dumouriez, ancien agent de Louis XV, était un homme de

ressources que les scrupules n'arrêtaient pas. On a dit que ce petit-fils d'un laquais de Molière avait le tempérament d'un valet de Beaumarchais. Il demanda cependant avec beaucoup de sérieux, aux chefs de la majorité (que des décrets de 90 et de 91 interdisaient d'élire), de lui présenter de bons administrateurs.

Un personnage curieux de l'époque était une certaine Mme Dodun qui appartenait à la riche bourgeoisie. Elle s'était enthousiasmée pour les idées nouvelles, ou peut-être seulement pour un de leurs prophètes, « l'éloquent Vergniaud », député de la Gironde, qu'elle hébergeait dans son hôtel, au numéro 5 de la place Vendôme. Presque chaque jour, Mme Dodun donnait des déjeuners politiques où un grand nombre de députés se rendaient pour discuter, avant d'aller à la séance, les questions en cours d'examen. C'est là que Brissot, au moment de la constitution du nouveau ministère, jeta le nom de Roland. Brissot était, par son journal, d'autant plus puissant qu'il ne voulait pas du pouvoir pour lui-même. Il sentait le besoin d'introduire aux affaires des hommes compétents et qualifiés. Roland, comme Inspecteur des Manufactures, connaissait à fond le pays qu'il arpentait depuis quarante ans et « il suffisait de le voir un moment au visage, dit Michelet, pour reconnaître le plus honnête homme de France, austère, chagrin il est vrai, comme devait être un vieillard et un citoyen sous la monarchie ».

Le roi fut mis en demeure d'accepter le ministère brissotin avec Dumouriez aux Affaires étrangères, aux Finances Clavières, ce banquier genevois qui avait inventé les assignats, et Roland au département de l'Intérieur.

Le 21 mars 1791, le directeur du *Patriote français*, bientôt suivi par Dumouriez, se présenta à l'Hôtel Britannique pour annoncer à Roland sa nomination.

Mme Roland fut certainement éblouie, mais, très maîtresse d'elle, n'en laissa rien percer. Elle écrivit à Champagneux et à Bancal des lettres d'un calme peu naturel, pour les prévenir que son mari avait été nommé ministre de l'Intérieur par le roi.

Au vrai, son cœur battait très fort, non comme celui d'une

femme vulgaire qui se grise de vanités chétives, mais parce
que l'événement allait la mettre en mesure d'exercer une
action efficace et personnelle à travers un entourage et un mari
qui, en aucune occasion, ne pouvaient se passer de son talent
et de ses conseils.

Roland, entouré par sa femme de soins exacts et diligents, se
portait mieux que jadis, mais avait cependant beaucoup vieilli.

Un portrait gravé, qui fut exécuté à cette époque, le montre
de trois quarts dans un cadre ovale. Le visage est osseux ; les
cheveux plantés en rond, presque au milieu du crâne, et rejetés
en arrière, découvrent un front qui n'en finit pas et tombent
en boucles maigres de chaque côté du visage. Le nez est mince
et pointu, les lèvres serrées sur une ligne amincie, l'œil a quelque
chose de hagard. Le ministre de l'Intérieur porte l'habit croisé
et boutonné sous de vastes revers. Le col de la chemise, large-
ment échancrée, se fronce en tuyaux nombreux pour découvrir
un cou décharné comme le visage.

Roland était « vertueux », nous le savons. Il l'a assez répété.
Quel effet produisait-il sur ses contemporains? Il est croyable
que sa « rigidité » ostentatoire était surtout très ennuyeuse.
Quand il était jeune, ses amis l'appelaient déjà « Thalès ».
Tout le monde le comparait à Caton dans son vieil âge. M. Madelin pense qu'il ennuyait terriblement sa femme. Mais elle
était trop sincère pour s'en cacher et, si c'était vrai, nous le
saurions d'une manière positive. La vérité est qu'elle l'admirait
— elle l'a répété jusqu'à la fin — qu'elle le respectait et le
chérissait de tout son cœur. Qu'Eudora ait dit vers ses six ou
sept ans : « Ce papa me gronde toujours, cela m'ennuie, » nous
le savons par une lettre de sa mère, mais ce n'est là qu'un
mot d'enfant et il paraît singulier qu'un historien de cette
valeur en ait fait état. D'ailleurs, la petite avait une préfé-
rence pour son père, — Mme Roland exigeait trop d'elle et ne
se consolait pas de chercher inutilement dans sa fille l'enfant
prodige qu'elle-même avait été.

M. et Mme Roland quittèrent la rue Guénégaud pour le
ministère de l'Intérieur, alors installé rue Neuve-des-Petits-

Champs, dans l'ancien hôtel du Contrôle Général, magnifiquement remis à neuf peu auparavant par M. de Calonne.

Tout de suite Mme Roland pense à Bancal des Issarts pour le ministère de la Justice. Mais Bancal, éternel absent, n'est jamais là quand on a besoin de lui. En revanche, elle fait donner à Bosc l'importante place d'administrateur des Postes qu'il va falloir « désaristocratiser », comme il dit.

Mais une mission plus subtile et plus ardue sollicitait toute l'attention de la jeune femme. Il s'agissait d'une énigme presque impénétrable à résoudre, d'un nœud qu'il fallait défaire, surtout ne pas trancher.

Robespierre, qui présidait l'extrême gauche, tenait pour suspect un gouvernement où il n'avait pas d'intelligences. Plutôt qu'un homme, Robespierre était une espèce d'entité de Jean-Jacques Rousseau montée sur fil de fer ; un système à la fois artificiel et vivant, où tout était combinaison et haïssable littérature. Il distillait de l'acide sulfurique par tous les pores depuis la formation du ministère girondin (1). Mme Roland, qui ne se trompait pas sur l'importance majeure qu'il y avait à l'annexer, montra qu'elle ne doutait de rien quand elle crut pouvoir se charger de lui.

Elle lui fait des avances et lui demande une entrevue. Elle le reçoit dans son particulier et déploie, en l'honneur de cet adversaire qu'elle a toujours estimé mais qui s'est obstinément tenu à distance avec un maintien impassible, toutes les ressources de finesse et de séduction qui l'avaient victorieusement servie dans d'autres circonstances épineuses. Mais cette fois elle ne découvre aucune prise sur un antagoniste glissant et froid comme une aiguille de glace qui, à peine l'a-t-il quittée, s'en va parler aux Jacobins, avec une perfidie pleine d'insinuations fort claires contre Roland et ses collègues, de « la cour et des intrigants dont la cour se sert ».

Défaite mortifiante, irrémédiable ! Quel manque de perspicacité ! Ce chef de parti n'est qu'une femme ! Danton aura raison de le dire. Elle l'a bien montré dans cette cir-

____

(1) Nous continuerons à user de ce terme pour la commodité du lecteur.

constance grave et son erreur a quelque chose de dérisoire !

Sans doute reçut-elle là une leçon très dure mais profitable. On ne voit du reste pas que son autorité en fut le moindrement ébranlée.

Mme Roland était sur un terrain plus sûr lorsque, préoccupée de la diffusion des idées révolutionnaires, elle distingua un commis aux Postes, nommé Antoine Lemaire, qui était l'auteur des premières lettres du *Père Duchêne*, et le fondateur du *Courrier de l'Égalité*. Elle demanda à Bosc de le mettre en congé temporaire : « Faites cela vite pour la patrie, » dit-elle dans un billet du matin et, dès le lendemain, elle remettait à ce Lemaire la mission d'endoctriner les soldats. Mme Roland était toujours poussée par un esprit réalisateur, impatient d'agir. Pour elle, le temps est une matière précieuse dont il est impardonnable de ne pas tirer ce qu'on appellerait aujourd'hui le maximum de rendement. Elle écrivait à Bancal : « Je suis en enfer quand on ne marche pas vite, ferme, et qu'on ne frappe point juste et fort. » C'est au même moment que Louvet, le jeune et célèbre auteur de *Faublas*, fut présenté par Lanthenas à l'hôtel de l'Intérieur et que, sur la suggestion de Mme Roland, il fonda, pour appuyer le ministère, le journal-affiche *la Sentinelle*.

Mme Roland, sociable par nature, et sans aucun doute désireuse de fonder auprès d'elle un point de ralliement, s'était mise en devoir d'organiser des réceptions au ministère. Elle n'invitait pas de femmes, n'avait ni cercles ni visites, mais deux fois par semaine des dîners où paraissaient les collègues de son mari, des députés, et généralement des hommes politiques qui n'appartenaient pas à l'extrême gauche. « Le goût et la propreté régnaient sur ma table sans profusion et le luxe des ornements n'y parut jamais, dit-elle. » Elle n'y faisait faire qu' « un seul service », de sorte que l'on restait peu de temps à table. Il y avait ordinairement quinze couverts, quelquefois dix-huit ou vingt. Après dîner on causait au salon. On se mettait à table vers 5 heures. A 9 heures il n'y avait plus personne. « Tels furent les repas, dit-elle dans ses *Mémoires*, que les orateurs populaires traduisirent à la tribune des Jacobins en festins somptueux où, nouvelle Circé, je corrompais tous ceux qui avaient le malheur de s'y asseoir (1). »

Le programme du ministère c'est de chasser de l'administration, de la diplomatie et de l'armée, les hommes et l'esprit de l'ancien régime, c'est de régler la question du clergé ; c'est surtout de faire la guerre à la Prusse et à l'Autriche menaçantes.

Visiblement, la crainte de la guerre étrangère et de la vengeance des émigrés maintenait le pays dans un état de trouble funeste à la reprise des affaires. Un seul remède : forcer les souverains européens à reconnaître le gouvernement révolutionnaire et à disperser les agglomérations d'émigrés et de prêtres rebelles qui s'étaient organisées chez eux. Brissot croyait la guerre indispensable. Robespierre, au contraire, répétait, pour flatter le peuple, que la guerre se ferait dans l'intérêt du tyran et de sa famille — ce qui était d'ailleurs en pleine conformité avec les vues du roi et de la reine.

A ce moment précis où les partis, d'ailleurs beaucoup moins clairement déterminés dans la réalité que dans l'histoire écrite, se dressent l'un contre l'autre pour une lutte mortelle, l'avenir de la Révolution va se décider.

Le 20 avril, la guerre est déclarée. La Gironde et la Montagne font une révolution dans la Révolution et se heurtent violemment. Mme Roland écrit à Robespierre, « l'homme au visage de chat », comme disait Buzot, une lettre étincelante, dure comme le diamant :

C'est à vous, monsieur, de considérer, dit-elle en concluant, que cette justice du temps doit à jamais éterniser votre gloire ou l'anéantir pour toujours.

La rupture est consommée. Les destins sont écrits.

Les nouvelles de l'armée étaient mauvaises.

Le ministre de la Guerre, M. de Grave, inquiétait le Conseil

---

(1) Champagneux a tenu à confirmer, dans son édition des écrits de Mme Roland. ce qu'elle dit sur la frugalité des habitudes qu'elle avait établies dans son entourage aussi bien que chez elle. Il cite le témoignage de Bosc qui, ayant un soir invité à dîner au Bois de Boulogne cinq amis dont trois ministres, dépensa quinze francs pour six personnes.

par ses attaches avec la cour, et Robespierre, dont toute la
politique consistait à conquérir le pouvoir absolu à la faveur du
désordre, cherchait à utiliser les premiers revers par de louches
manœuvres de démagogie que Danton faisait semblant de ne
pas voir.

Dumouriez, pour sauver le ministère, est obligé de laisser
tomber le royaliste de Grave et d'accepter à sa place le colonel
Servan, ami personnel de plusieurs Girondins. C'est proprement
Mme Roland qui nomma le nouveau ministre de la Guerre auquel
elle écrivit une lettre si caractéristique que, malgré les étroites
limites de ce petit travail, il paraît utile de la citer, au moins
en partie :

De Paris, 9 mai, l'an IV (1).

Oui monsieur, je l'ai souhaité, voulu ; je tiens à cette opinion, et
vous la justifierez. Plus de craintes ni de défiances, elles ne sont plus
de saison ; il faut vouloir et tout ira.

Peu importe maintenant ce que disent ou font les autres ; vous voilà
sur la brèche, il ne s'agit que de vaincre ; le premier gage de la victoire est dans l'espoir de la remporter, par la bonté de sa cause et
la grandeur de son courage.

Jusqu'à présent, les hommes en place ont nui à la chose et à eux-
mêmes pour n'avoir pas su se prononcer ; on disait vouloir la Révolution et l'on avait des ménagements coupables pour tous ses ennemis.
Il faut être plus ferme et plus franc, aller au but ouvertement, faire
marcher la Constitution et montrer à l'Europe un ministère qui la
veut sincèrement.

Entourez-vous de bons citoyens, pour être moins contrarié dans
votre allure ; grondez vos collègues lorsque leurs conférences dégé-
nèrent en pures causeries et ne vous trouvez pas deux fois ensemble
que vous n'ayez arrêté quelque chose d'utile.

...Nos amis vous embrassent ; vous voilà compagnons d'armes et
de fortune : il faut sauver la chose publique ou périr avec elle.

Admirable langage de chef !

Comme la pensée est directe, dépouillée ! C'est le vol de la

____

(1) L'an IV de la Liberté compté à partir de la prise de la Bastille (14 juillet 1789), c'était 1792.

balle à la cible ! Tout l'être est tendu vers le but où frapper.
Ce ministre de la Guerre, stylé par une jeune femme, n'a plus
qu'à vaincre comme elle lui dit. C'est bien simple. Il vaincra
s'il l'écoute. Mais quel homme, quel ministre, eût possédé la
force gigantesque comprimée dans un tel programme? Au fond
tout y était impraticable. Il fallait mal connaître les hommes
en général, et singulièrement ceux qui se trouvaient aux prises
dans cet abordage et cette confusion de génies et de médio-
crités, de sublimités et de mesquineries, de nobles chimères,
de folies sanguinaires et de crimes impudents, pour prêcher un
tel évangile. Les évangiles sont toujours trop beaux pour
ceux qui les écoutent. S'ils ne l'étaient pas, ils ne seraient pas
divins par quelque aspect. Le mysticisme révolutionnaire,
hélas ! fut aussi pernicieux à la Révolution que les « complots
de la cour » et les atroces contractions de la démagogie. Il n'y
a rien de plus nuisible que l'utopie.

Fille de l'imagination, elle est, comme sa mère, « maîtresse
d'erreurs et de faussetés ». Elle navigue dans le faux et il importe
peu de savoir si les motifs qui l'ont poussée sans phare sur des
écueils en pointes, étaient généreux ou non. C'est l'écueil qui
décide. Les vues de Mme Roland — « cette femme trop parfaite », dit Lémontey qui l'a bien connue et a laissé sur elle
une page remarquable — étaient trop héroïques. *Rien de trop*,
dit la voix de Delphes. De même que Mme Roland avait des
fanatiques, elle était détestée des hommes à qui elle révélait
leur insuffisance. Le caractère simpliste de sa politique était
sans rapports avec la réalité, et la réalité allait devenir
terrible. Au point où en était la Révolution, ce n'était pas
une muse héroïque qu'il lui fallait, c'était un homme d'État
qui y eût attaché sa fortune. Sur les ruines de la monarchie,
la France n'avait pas besoin de nobles victimes, mais d'orga-
nisateurs aux poignets d'acier. Un Richelieu, soucieux d'appliquer la Constitution, eût étranglé un Robespierre avec ses
propres ficelles et rendu la Terreur impossible. Il fallait un
code et une police. Nous eûmes un combat de poètes et de
meurtriers.

Mais revenons à la poésie.

La poésie se débattait en plein drame et la muse luttait contre le flot d'angoisse qui menaçait de tout couler bas. Où était la jeune espérance de 1789, la fière certitude de la reine girondine et même les mauvaises heures qui, parfois, sonnaient aux Jacobins ?

La Révolution court à sa perte et l'étranger est là. Oui, nous le savons, Mme Roland restera digne d'elle-même. Elle est prête à mourir. Mais ce n'est pas la question. C'est Danton, le « gros turbot farci », comme disait Vadier, Danton, quoi de plus cruel, Danton dont elle était la vertueuse ennemie, Danton qui, le moment venu, saura se rassembler dans un effort efficace et sauver la France. Mme Roland écrit à Bancal :

Longwy a été livré, Thionville est bloqué, Verdun insulté. Tout cela doit être sous peu au pouvoir des Prussiens. Ils veulent arriver à Paris et je ne sais pas ce qui pourra les en empêcher... Il n'y a pas de troupes... il n'y a pas d'armes... Prêchez les patriotes ardents et envoyez-nous-les si vous voulez nous conserver. Il n'y a pas un moment à perdre... je ne vous parlerai pas de toutes les mesures que nous prenons, mais nous avons beau ne pas dormir et déployer une activité plus qu'humaine, il est impossible de réparer en peu d'heures l'effet de quatre années de trahison.

Ce ne fut pas une guerre, mais une croisade. Trois cent mille inscrits volontaires partirent pour les armées. Le *Ça ira* était le mot de passe de la confiance, un mot à mettre en pendant avec le *On les aura* de la dernière guerre. Il n'y a pas eu forlignage. La race n'a pas dégénéré.

| Mme Roland constate le désordre général, l'anarchie qui monte comme une mer d'équinoxe. Paris est semblable à un organisme en état de fermentation mortelle, qui se décompose sous l'action d'une affreuse septicémie. Le poison était dans le conseil même, renouvelé tous les jours par les soins du ministre Duranthon (pourtant indiqué par Vergniaud) qui était en secret l'homme de Louis XVI. Il en résultait une obstruction systématique qui mettait continuellement en question l'harmonie de l'action gouvernementale, gênée d'autre

part par la hardiesse grandissante de Clubs d'ailleurs sans mandat.

Les Girondins avaient reçu à l'origine une formation procédurière tout opposée comme dit Michelet, à l'esprit de la Révolution. Avocats avant d'être députés, ils étaient des gens de cabinet et de tribune bien plus que des hommes d'action et se trouvaient, par nature, bien plus portés à déclamer la révolution qu'à la faire. Il leur manquait la virilité et la résolution des Mirabeau et des Danton. Personne, parmi tous ces hommes de cœur, de talent, de courage, pour tenir bien en mains un pouvoir qui s'énervait tous les jours et que personne, du reste, ne défendait.

Roland, ministre républicain d'un roi, n'avait accepté sa mission que sous la réserve qu'un secrétaire tiendrait un registre exact des délibérations du Conseil. Dans la pratique, l'engagement ne fut guère tenu qu'une ou deux fois. Il s'aperçut que sa femme avait raison lorsqu'elle les suppliait, Servan et lui, de ne pas se fier à la feinte bonhomie de Louis XVI, lequel comptait bien, en effet, retrouver une couronne toute neuve dans une bonne défaite infligée à la France. Une fois déjà, à la fin de mai, Roland avait voulu s'expliquer avec le roi et en avait été empêché par Clavières. Mais, à la fin, il perdit patience. D'accord avec Servan qui, s'appropriant une ancienne idée de Mme Roland, venait de faire voter l'autorisation d'établir un camp de 20 000 volontaires en armes sous Paris pour défendre l'Assemblée contre la garde royale, l'étranger et les mouvements populaires, le 10 juin il écrivit au roi. Impossible de ne pas sentir qu'il était poussé par sa femme, que dans la tête de celle-ci la lettre était depuis longtemps toute faite et voulait paraître au jour (1).

Quarante-huit heures après ce coup de tête qui provoqua

(1) C'est elle aussi qui devait rédiger (le 23 novembre 1792) une lettre au prince-évêque de Rome — autrement dit le pape — en faveur de deux jeunes artistes lyonnais incarcérés par le gouvernement pontifical qui les suspectait d'attaches révolutionnaires. C'est un morceau un peu entaché de la phraséologie du temps, mais où Mme Roland montre la désinvolture d'une pensée toute affranchie. Manon Phlipon faisant la loi au roi de France et au pape de Rome était-elle exempte de tout orgueil ? C'est assez peu probable.

l'enthousiasme dans le pays, le ministre de l'Intérieur reçut un billet autographe ainsi conçu :

« Vous voudrez bien, monsieur, remettre le portefeuille du département de l'Intérieur que je vous avais confié, à M. Mourgues, que je viens d'en charger. — LOUIS. »

Ayant passé moins de trois mois au ministère (1) Roland, bientôt suivi par ses collègues, se retira en emportant « les regrets de la Nation », votés par l'Assemblée.

Le ménage s'installa dans le chétif logement de la rue de la Harpe.

Malgré tant de tribulations et de fatigues, les Roland ne songaient pas à se désintéresser de la marche des affaires et à rester passifs. Mme Roland inerte? Mme Roland indifférente aux mouvements de la politique? Quel frein eût arrêté d'un coup la course vertigineuse qu'elle venait de fournir?

D'ailleurs ses dévots, auxquels se joignait maintenant Barbaroux, le jeune et beau député de Marseille, continuaient à venir en chœur lui demander le mot d'ordre.

La journée du 20 juin fut « conçue et combinée », dit un de ceux qui l'organisèrent, dans le salon de Mme Roland, et n'avait pour but que de forcer le roi à rappeler « le bon ministère ».

A la tribune, Vergniaud parle avec un accent sublime et démasque l'hypocrisie royale. Louis XVI a pris le bonnet rouge comme il avait pris la cocarde tricolore, mais il se croit martyr de sa religion et refuse fermement de signer les décrets contre les prêtres.

A point pour mettre le comble à l'exaspération, en juillet 92, un manifeste des émigrés, signé de Brunswick, leur général, arriva de Coblentz avec des menaces affreuses. Tout ce qui combattrait les armées étrangères venues pour sauver le roi et sa famille, serait détruit, Paris compris, par les armes ou par le feu.

L'insurrection du 10 août fut-elle préparée? Elle éclata avec un tel déchaînement de fureur populaire que c'est difficile

____

(1) Du 23 mars au 13 juin 1792.

à dire. La main de Mme Roland s'y retrouve dans le travail préalable de Lanthenas, ainsi que dans l'action concertée de Pétion et de Barbaroux.

De son côté, Danton y fut pour beaucoup, bien qu'absent de Paris depuis la veille, par une mesure de prudence assez insolite chez l'apôtre de l'audace.

A l'Assemblée, pendant que l'émeute se déroulait, la séance avait lieu en l'absence des principaux responsables. Robespierre, embusqué dans un coin d'ombre, guettait l'heure de l'anarchie ; Danton prenait des vacances à Arcis-sur-Aube et, à leurs bancs, les Girondins, très espacés, attendaient les événements sans faire l'effort nécessaire pour imaginer qu'il fût possible de se passer d'un roi. Ils avaient eu le secret de concilier des principes républicains avec une action royaliste, ce qui n'empêchait pas la cour de les haïr autant que les Jacobins. Cependant, ce jour-là, les événements furent plus forts que leur incertitude et les dépassèrent. D'une voix hésitante, Pétion, maire de Paris, se leva pour demander la « déchéance du roi » et l'Assemblée, devant la victoire du peuple, sous la pression de la Commune, décida que le roi « suspendu » serait envoyé avec sa famille à la tour du Temple.

La Monarchie était renversée.

La Fayette, dont plusieurs plans pour faire évader le roi venaient d'échouer, prit la fuite. L'heure de Robespierre était arrivée. En tête du parti jacobin, valet du peuple triomphant, l'Incorruptible toise en maître la Gironde.

La constitution d'un tribunal extraordinaire pour juger les traîtres est votée et le premier condamné à l'échafaud est Laporte, l'homme de confiance de Louis XVI, chez qui avaient été saisies d'irréfutables preuves de la trahison royale. Le tribunal, une fois entré en fonction, ne devait plus s'arrêter. Fouquier-Tinville était déjà présent. Un pouvoir nouveau, celui de la Commune, se tenait prêt à s'opposer à celui de l'Assemblée qui, bien malgré elle, avait renversé le trône. Jusqu'à la Convention, c'est-à-dire jusqu'au 20 septembre 1792, la lutte va se poursuivre sans merci entre la Commune et l'Assemblée d'une part, entre les Jacobins et les Girondins de l'autre.

Le Girondin Isnard, en pleine séance du 10 août, monta à la tribune pour demander la réintégration immédiate des trois ministres qui avaient reçu, en juin, le congé du tyran et emporté « les regrets de la patrie ».

Roland, Servan, Clavières obtinrent de suite l'unanimité des voix et reprirent leurs anciens portefeuilles, mais un second vote donna à Danton une majorité qui lui assura une place prépondérante au ministère de la Justice. Le Conseil fut complété par le mathématicien Monge, qui allait faire figure de bouffon au ministère de la Marine, et par Lebrun, un journaliste indiqué par Brissot, que l'on baptisa ministre des Affaires étrangères.

Pendant ce temps le flot prussien bat les frontières. Les nouvelles de l'armée sont désastreuses. *La patrie est en danger.*

Le 23 août Longwy est pris, Verdun près de succomber. A Paris le désordre augmente et de toutes parts les provinces s'enflamment : la Vendée se soulève, la Bretagne et le Midi s'agitent. Partout des conspirations royalistes. Du Nord l'invasion descend sur Paris.

Mme Roland, penchée sur une carte, se demande s'il va falloir transférer le gouvernement au delà de la Loire et Marat veut s'enfuir à Marseille, déguisé en jockey. Avec une activité sublime, le peuple supplée au manque d'armes, en fabriquant des piques (1) par milliers. L'idée est venue des Girondins. Mais dans leur parti, qui est au pouvoir, personne ne se trouve pour saisir par la bride l'attelage emporté. Personne pour s'imposer aux extrémistes. Pas d'unité de pensée. Chacun fait son propre jeu : Robespierre de son côté, Marat du sien, pendant que la Gironde ne pense qu'à se garer de Danton. Pas un homme à la mesure de cette tâche imposante. Les massacres de Septembre témoigneront bientôt de l'insuffisance générale.

---

(1) Les piques furent à ce moment-là la dernière mode de Paris. Une petite fille fut baptisée Pétion-Nationale-Pique, sur l'autel de la Patrie pendant que l'orgue jouait le *Ça ira*.

Le ministère, sorti de l'insurrection devant la Commune où Danton grandissait, présentait les caractères de l'anarchie jusque dans son titre de *Conseil exécutif provisoire*. L'Assemblée lui avait retranché, en le nommant, toute assurance de stabilité. Il était là, non pour gouverner, mais pour exécuter les décrets d'une Assemblée soumise aux mouvements capricieux de nerfs surmenés. S'il ne possédait plus grand pouvoir, il lui restait moins encore de dignité, ce que Mme Roland ressentait âprement et endurait avec impatience.

Rappelé à l'Intérieur, Roland, pour protester contre cette confusion des pouvoirs, crut prendre sa revanche en faisant voter sur l'heure que les ministres pourraient introduire dans leur département respectif toutes les modifications qu'ils jugeraient opportunes, facilité dont il usa immédiatement en appelant à la direction de ses bureaux des hommes à lui : Lanthenas et Champagneux tout d'abord.

C'est alors que Robespierre se découvrit. Il prononça contre le parti de la Gironde une attaque ouverte. Les événements couraient avec une force acquise contre laquelle il ne se trouvait toujours personne pour opposer un frein, et la politique de Roland se heurtait, en toute occasion, à la Commune de Paris.

Une déception d'ordre personnel vint s'ajouter à l'extrême angoisse de l'homme public. Depuis quelque temps, Lanthenas, qui avait formé certains liens avec la Montagne, se séparait fréquemment du parti girondin et se montrait irrité contre Buzot (1) qu'il croisait trop souvent pour son goût dans l'appartement privé des Roland. Épris de Mme Roland depuis de longues années, Lanthenas avait supporté son effacement tant qu'il n'avait pas craint qu'un autre fût mieux traité que lui. Il se permit des reproches indiscrets auxquels Mme Roland répondit vertement.

Elle a « enduré deux scènes violentes », dit-elle, elle n'en tolérera pas une troisième. Lanthenas osa alors se plaindre à Roland même et, après un échange de billets durs et hautains,

____

(1) Buzot venait d'être nommé député par le département de l'Eure.

la rupture fut complète. Quelle amertume au cœur de la parfaite amie !

Champagneux, témoin de ce qui se passa, dit à ce sujet :

...Bien d'autres... qui les ont caressés [les Roland] pendant leur
prospérité, les ont honteusement abandonnés dès qu'ils furent san
crédit. De ce nombre il y eut Pache, ce Suisse dont Mercier a dit qu'il
fut plus fatal à la France qu'une armée ennemie. Les Roland dont
il avait su, à force d'hypocrisie, s'assurer la confiance, l'avaient sorti
de son obscurité. Il les trahit lâchement. Hélas ! il y eut aussi Lanthenas, le plus ancien ami de Roland, celui que sa femme appelait
du doux nom de frère, celui qui fut... témoin de leurs vertus publiques
et privées. Eh bien ! Lanthenas n'osa pas avouer Roland à la Convention... Il alla s'asseoir au plus haut point de la Montagne et ne
rougit pas de devoir à Marat une vie dont il eût été si glorieux de faire
le sacrifice avec les autres proscrits de ce temps-là (1).

L'abandon dans un moment pareil, c'était une trahison.
Bosc, qui avait affecté une discrétion excessive pendant le premier ministère et résisté aux inlassables appels de Mme Roland,
se précipita chez elle et retrouva sa tendresse dans toute sa
spontanéité et sa fraîcheur. Outré de l'ingratitude de Lanthenas, il témoigna d'un attachement si inviolable que Mme Roland en éprouva un réconfort délicieux. Ses amis avaient tout
pouvoir sur sa sensibilité et même lorsqu'elle écrit à Bancal le
5 septembre 1792 un billet haletant où elle dit : « Nous
sommes sous le couteau de Robespierre et de Marat », en vraie
femme elle termine par une effusion du cœur :

Adieu, dit-elle. Je n'ai pas le temps de vivre, mais j'ai toujours
celui d'aimer.

Elle n'est pas si cornélienne que Sainte-Beuve croit.
Admirons la force et la constance de son caractère, mais
n'oublions pas que le charme avoué par tous ceux qui la con-

---

(1) En effet, quand la Convention, sous la pression des baïonnettes, livra
les Girondins à Robespierre, Lanthenas, honte suprême, fut sauvé par
Marat qui s'excusa de tant de condescendance en disant que Lanthenas
n'était qu'un « pauvre d'esprit ».

nurent — même par certains qui ne l'aimaient pas — avait sa source dans son cœur.

Dans la même lettre, Mme Roland qui avait les yeux ouverts sur les périls que les insurrections faisaient courir à la liberté des Législateurs — le crime du 31 mai suivant ne lui donna que trop raison — proposait, comme seul moyen de préserver la dignité de l'Assemblée, une garde à recruter dans les départements.

Et, trois semaines plus tard, en effet, on voit Roland profiter de la lecture d'un compte rendu pour recommander à l'Assemblée « de s'environner d'une force armée et imposante, levée dans les quatre-vingt-trois départements. » Le lendemain, Buzot, désormais en parfait accord politique avec Mme Roland, parla en faveur du projet — qui en resta là — mais fut plus tard utilisé contre le prétendu fédéralisme des Girondins.

Robespierre, Danton, Collot-d'Herbois, Billaud-Varennes étaient députés de Paris quand les abominables tueries de Septembre eurent lieu sous l'inepte prétexte d'une vaste conspiration machinée dans les prisons par les ennemis de la Révolution.

Des bandes d'égorgeurs envahirent l'Abbaye, les Carmes, la Force, etc., et massacrèrent pendant trois jours tout ce qui s'y trouvait, jusqu'aux folles de la Salpêtrière, jusqu'à des enfants assistés.

Privés de tous moyens d'action, les Girondins du ministère se demandaient si l'émeute n'allait pas enlever l'Assemblée et si, dans l'impuissance où ils étaient, le devoir n'était pas de transporter le gouvernement hors de la capitale. Avec quoi résister? Avec qui? Robespierre était caché chez Saint-Just, son meilleur élève. Danton « résolu à sauver l'État », disait-il, — ce sera son honneur tant que la France vivra, — semblait trop absorbé par le danger des frontières pour examiner bien curieusement ce qui se passait à l'intérieur. Roland et Servan adjuraient l'Assemblée de les aider à rétablir l'ordre, mais ne pouvaient se faire entendre.

Roland écrit alors aux députés par la plume de sa femme. Plus brave qu'adroite en la circonstance, elle menace Paris de se voir enlever les pouvoirs publics. Inspirée par Barbaroux, elle déclare que « le Midi plein de feu, d'énergie, de courage, est prêt à se séparer pour assurer son indépendance et que, s'il n'y a point de liberté à Paris, les sages et les timides se réuniront pour établir ailleurs le siège de l'Assemblée ».

La Commune avait appris avec un beau flegme la nouvelle des massacres, mais délibéra pendant trois jours sur la question de savoir si Roland serait arrêté d'après les folles calomnies de Robespierre. Marat avait signé — sans aucun pouvoir — un mandat d'arrêt que Danton montra à Pétion, puis déchira. Le 2 septembre, déjà, deux cents hommes avaient envahi le ministère de l'Intérieur en criant qu'ils voulaient des armes pour aller à Verdun. Sans doute étaient-ils venus pour enlever Roland qui, par chance, se trouvait au ministère de la Marine où se tenait le Conseil. Intrépide, Mme Roland avait tenu tête à la horde et était arrivée à s'en débarrasser.

Lorsque les massacres furent un fait accompli, les Roland ne déclarèrent pas ouvertement leur indignation. Quelqu'un des leurs avait-il jugé nécessaire cette affreuse concession ? L'impulsion, cette fois, ne vint certainement point de Mme Roland. Ce n'était pas sa manière.

Tout Paris, dit-elle, fut témoin de ces horribles scènes exécutées par un petit nombre de bourreaux (ils n'étaient pas quinze à l'Abbaye) malgré les réquisitions faites à la Commune et au commandant des gardes nationaux (1). Tout Paris laissa faire. Tout Paris fut maudit à mes yeux et je n'espérai plus que la Liberté s'établît parmi des lâches... froids spectateurs d'attentats que le courage de cinquante hommes armés aurait facilement empêchés.

On peut regretter qu'à ce moment Roland ne se soit pas démis avec éclat de son ministère. Quelle admirable sortie ! Marat, lui, n'avait pas perdu un instant pour rédiger un infâme papier adressé aux quatre-vingt-trois départements (où ses

____

(1) Nous possédons l'ordre autographe par lequel Roland commandait à Santerre de porter en masse ses gardes nationaux contre les émeutiers, ainsi que la piteuse ou hypocrite réponse du tout-puissant brasseur.

effets furent atroces) et pour l'envoyer à la signature du ministre
Danton qui, n'osant pas résister, lui donna force de loi en y
mettant son nom.

Mme Roland le sut et voua à Danton un mépris inexorable.

Au fond du désespoir, elle écrit à Bancal, le 9 septembre :

Danton conduit tout. Robespierre est son mannequin. Marat tient
sa torche et son poignard. Si vous connaissiez les affreux détails de
ces expéditions (1) ! Les femmes brutalement violées avant d'être
déchirées par ces tigres ; les boyaux coupés, portés en rubans, des
chairs humaines mangées sanglantes ! Vous connaissiez mon enthousiasme pour la Révolution ; eh bien, j'en ai honte ! Elle est ternie
par des scélérats. Elle est devenue hideuse.

Deux jours après, certains résultats des élections apportent
quelque réconfort à Mme Roland. « Les bons choix des départements nous raniment », dit-elle. Cela veut dire que Roland a
été élu dans la Somme, Buzot dans l'Eure, Bancal dans le Puy-
de-Dôme.

« Exécrable députation », disait en même temps le girondin
La Réveillère-Lepeaux. A la vérité, la Gironde semble bien être
la plus forte, mais, par un injuste renversement des valeurs,
elle va maintenant faire figure de parti réactionnaire.

L'Assemblée Nationale avait été nommée pour réviser la
Constitution, c'est-à-dire pour y effacer la trace des institutions
monarchiques.

Les conventionnels, médecins, avocats, commerçants, écri-
vains, venaient de la bourgeoisie. Pas un seul ne sortait du
peuple. Sur 745 membres, 500 n'étaient ni Montagnards, ni
Girondins.

Le bruit courait que la Gironde voulait faire de la France
une Fédération comme la Suisse ou les États-Unis et la diviser
en républiques de Marseille, de Lyon, de Rouen, etc.

La Montagne feignit de le croire en comprenant du premier
coup — ce qui nous reste d'ailleurs assez inintelligible — qu'une
telle accusation lui mettait en mains une arme bien trempée.

(1) Les massacres.

La Constituante, lorsqu'elle avait décrété le morcellement des provinces en départements, avait voulu détruire ce qui restait de la forme féodale, gouvernements, généralités, bailliages, etc. Son esprit était opposé à ce qu'on appelait le « fédéralisme ». Quelle que fût la mauvaise foi des accusateurs, il est évident que les Girondins se montrèrent bien étourdis en paraissant s'écarter des principes qui avaient fondé la Révolution. Non seulement ils ne firent rien pour se défendre, mais ils ne craignirent même pas d'augmenter les chances de crédit d'une allégation si périlleuse. Ils vivaient dans la crainte de la dictature qui abolirait l'œuvre révolutionnaire et, n'ayant pas su agir, furent tout étonnés le jour où ils s'aperçurent que Danton avait pris leur place.

Mme Roland dut se sentir cruellement humiliée lorsqu'elle se vit dépasser par l'homme « repoussant et atroce » qu'elle méprisait si rudement. Au Conseil, maintenant, c'est lui qui domine. Quelle figure pouvait bien faire un Roland à côté d'un Danton? L'épouse — cela n'est pas douteux — souffre dans son orgueil d'une infériorité qu'elle soupçonne obscurément. Danton lui avait toujours fait horreur. On croit la voir ranger sa robe quand il passe. Et voilà qu'il n'est question que d'un rapprochement diplomatique entre elle et lui ! Tout son être se met en révolte. Cela, jamais ! Elle a, du premier mouvement, placé la question non sur le terrain de l'utilité pratique — qu'en général elle dédaignait fâcheusement, nous l'avons dit — mais sur celui de l'honneur qui lui était familier. Ces gros doigts velus qui se tendent vers elle se sont sans doute refermés sur l'or du tyran, et cette paume est rouge du sang de Septembre. Elle reconnaîtra ses soldats à ce qu'ils refuseront de souiller leurs mains pures à un tel contact, et lance l'excommunication contre Vergniaud qui a consenti à rencontrer Danton dans une soirée. Aux siens elle donne à choisir : elle ou lui.

Ils la suivirent et Danton, ulcéré, s'en alla, répétant de son air le plus farouche : « Ils n'ont pas confiance ! »

« Cette réponse est tragique, dit Michelet. Elle contient toute l'histoire de la Convention et sa funèbre destinée. »

Est-ce bien certain?

Mme Roland avait toujours montré que, femme, elle transportait sur le terrain politique ses goûts et ses dégoûts. Partie d'un plan trop idéaliste, elle avait subi, dans la pratique des hommes, des déceptions qui l'avaient rendue de moins en moins propre aux vues d'ensemble et portée à l'esprit de coterie. Auprès de ses amis elle retrouvait avec ivresse, dans sa pureté première, le point de départ où elle voulait de toutes ses forces se maintenir, et eux avec elle. Elle confondait d'un côté ses amis avec son parti, de l'autre ses ennemis avec le parti de ses adversaires. Austère et puritaine, naturellement portée à la « vertu », elle qui n'aimait pas Vergniaud, trop voluptueux et trop nonchalant pour un programme de « rigueurs », comment n'eût-elle pas été soulevée contre un tribun grossier, aux instincts violents et jouisseurs, accessible aux tentations de l'ordre le plus bas. Nous pardonnons beaucoup à Danton en faveur des grandes réussites de son génie patriotique. Elles n'étaient guère encore qu'en puissance. Voilà ce qu'il faut bien voir pour juger correctement entre Mme Roland et lui. Il est probable qu'elle avait fini par se considérer comme une vivante statue de la Liberté, à force d'entendre le chœur des Girondins chanter en rondes mélancoliques, autour de son piédestal, les mots sublimes qu'involontairement elle s'appliquait sans doute :

> Liberté, Liberté chérie,
> Combats avec tes défenseurs.

Elle était aussi une personne parfaitement bien élevée, une dame aux manières courtoises et gracieuses. La vulgarité du parti adverse devait la blesser au vif en de certains points sensibles qui, chez les femmes pures comme elle était, ne se cicatrisent guère. La tenue qu'observait Robespierre l'avait sans doute égarée un peu plus longtemps sur lui que sur d'autres. Elle avait besoin de respects, et même d'hommages. Ses amis l'y avaient accoutumée. Elle dut souffrir cruellement des indignes attaques de la presse. L'état de passion violente où elle vivait n'était pas favorable non plus à un apaisement qui à ses yeux, eût fait figure de lâcheté ! Enfin, bien des sentiments s'aigrissaient dans ce grand cœur qui rêvait de perfection sociale et se heurtait à la misère des bassesses humaines.

La plupart des historiens ont écrit qu'à cette heure, le rapprochement de Danton et de la Gironde pouvait prévenir la Terreur et brider la Montagne aussi bien que la Commune, Robespierre comme Marat. Jugement hasardeux !

Si Mme Roland, qui fit manquer la réconciliation par son intransigeance, n'avait pas cru pouvoir fonder rien de sûr et d'honnête sur Danton, après tout elle avait des raisons qui étaient bonnes et on ne voit pas que, même en matière politique, l'abaissement des consciences ait jamais donné de si beaux résultats. On pourrait du reste tout aussi bien concevoir l'historien qui dirait : « Si les Girondins s'étaient rapprochés de Danton, ils eussent été bien naïfs de faire confiance à un homme qui les eût jetés par-dessus bord dès qu'il y eût trouvé son compte. »

Mais l'ennemi était là, et, devant lui, tout le pays se couvrait d'une population armée on ne sait comment et résolue à tout sacrifier pour défendre sa terre. Les Girondins croyaient que la France allait se battre pour la liberté du monde et qu'à l'exemple du peuple français, les pays voisins allaient se libérer de leurs tyrans. La désillusion fut une stupeur.

Malgré l'aversion générale, Girondins, Jacobins, Cordeliers sont d'accord pour donner à Dumouriez, qui paraît le plus capable de conduire la France à la victoire, le commandement général des troupes.

Barbaroux dit dans ses *Mémoires* :

Je fus témoin de la conduite de Roland envers Dumouriez, certainement auteur de l'intrigue qui l'avait expulsé du ministère (en juin). Mais depuis, Dumouriez avait utilement servi la patrie... Roland oublia son injure et proposa au conseil de nommer Dumouriez commandant en chef de l'armée... et Dumouriez sauva la France aux gorges d'Argonne.

Le 20 septembre, près de Valmy, une armée dépourvue de tout s'apprête à remporter sous Dumouriez et Kellermann une victoire d'immense répercussion.

Le lendemain, 21, la République était proclamée par la Convention.

Mais la grande Girondine avait usé dans des épreuves trop décevantes ses riches facultés d'admiration et d'enthousiasme. Elle tenait pour avilissante la position d'un gouvernement sans responsabilités où son mari ne pouvait demeurer qu'à la condition de se laisser conduire. Aussi comptait-elle sur l'élection de la Somme pour « sortir de place » (1), ce dont Brissot la gourmandait en déclarant que le départ de Roland serait « une calamité publique ».

La mémoire chargée de rancune, Danton se vengea de Mme Roland lorsque l'Assemblée, refusant d'accepter la démission du ministre de l'Intérieur, voulut le garder au ministère, malgré son nouveau mandat.

C'était le 29 septembre 1792.

Danton monta à la tribune et dénonça l'influence que Mme Roland exerçait sur son mari. Elle avait repoussé sa main tendue parce qu'elle y voyait des souillures. Il s'écria : « On ne peut pas faire de politique avec une femme et celle-ci a pensé à se sauver. »

Les Roland, touchés au vif, changèrent de tactique. Mais Mme Roland n'avait plus sa sagacité du commencement de la Révolution. Ici, tout son sang-froid l'abandonnait. Elle était mortifiée, énervée plus encore, et cela se voit dans la lettre qu'elle adressa au nom de son mari à l'Assemblée. Roland « renonce, dit-elle, au repos permis à sa vieillesse » pour « se dévouer jusqu'à la mort »; surtout il clame très haut qu'il n'avait nullement songé à fuir après la prise de Longwy, ainsi que Danton l'avait insinué, mais que, l'ennemi avançant, le gouvernement était bien obligé de penser à sa sûreté. C'était l'évidence même.

Les Roland étaient pleins du plus sincère courage et le furent toujours. L'accusation de Danton était misérable. La lettre qui répondait à ses allégations exprimait une juste colère, mais se terminait dangereusement en désignant Danton parmi les mi-

____

(1) On ne pouvait être à la fois ministre et député.

7

nistres qui, ayant reçu des fonds en dépôt pour les besoins de leur département, s'obstinaient à ne pas rendre leurs comptes.

Dans l'Assemblée même, voilà les Roland dressés contre Danton. Or, Danton disqualifié, qui profitera de la place vide sinon Robespierre? Robespierre le prudent, Robespierre l'insoupçonnable, Robespierre, qui avait mis toute sa science des attitudes à ne se compromettre dans aucune action.

Il ne dépendait pas de la Gironde que l'union se fît pour le travail dans la paix.

Aux Jacobins, avec les pitres, histrion ou capucin défroqué qui siégeaient sous le prophète Robespierre, l'impudence et la calomnie étaient maîtresses, l'excommunication en grande faveur. Barbaroux écrit dans ses *Mémoires* :

Robespierre qui, comme l'a dit Condorcet, n'a pas une idée dans la tête, pas un sentiment dans le cœur, y tenait toujours la tribune [aux Jacobins], empoisonnant le peuple par ses flatteries et déjà, s'exerçant au crime par ses provocations contre les républicains.

Aux Cordeliers, Danton, Camille Desmoulins, Marat, Billaud-Varennes, etc., tenaient la tribune. La foudre tombait là tous les jours. Quant à la Commune, elle appartenait à d'atroces jeunes garçons comme Varlet, Tallien, Chaumette, Hébert (le rédacteur du *Père Duchêne*) qui se réclamaient à la fois de Robespierre et de la Montagne.

Le 6 novembre, la magnifique victoire de Jemmapes, où Dumouriez mit le jeune duc de Chartres (1), au front des troupes, fut enlevée par la Nation, aussi bien que par les régiments de métier. L'invasion était conjurée, mais à l'intérieur la vie d'homme public n'en restait pas moins atroce.

Devant les attaques opiniâtres de Robespierre qui répétait tous les jours aux Jacobins que la Gironde avait partie liée avec les royalistes, Buzot, probablement porteur de la pensée de Mme Roland, demanda à l'Assemblée de voter la peine de mort contre quiconque proposerait le rétablissement de la monarchie.

La Commune était plus acharnée contre les Girondins que

____

(1) Plus tard Louis-Philippe.

contre les royalistes, et Marat, — cet « homme tout dégouttant de calomnie, de fiel et de sang », avait dit Vergniaud à la tribune — depuis que les Roland lui avaient refusé une subvention sur les fonds secrets, les couvrait d'injures dans *l'Ami du peuple*. Un bas espion, qui connaissait son homme, lui porta un jour les « preuves d'un grand complot girondin » dont Mme Roland faisait partie, bien entendu. Marat se jeta sur l'hameçon et organisa un beau tapage dans son journal. La Convention appela l'épouse du ministre de l'Intérieur à sa barre, où elle parut avec tant d'aisance et de naturel que l'Assemblée, charmée par sa vue et conquise par sa parole, lui vota les honneurs de la séance.

Mais ce ne fut là qu'un triomphe d'une heure. Mme Roland avait bien des raisons de prévoir des dangers pour elle et pour les siens. Aussi se décida-t-elle à faire partir sa fille pour le Clos avec Mlle Mignot, l'institutrice en qui elle avait mis une confiance absolue et qui, bassement, s'apprêtait à la trahir (1).

Dans les derniers temps du ministère de Roland, dit Mme Roland, les conjurations et les menaces s'étaient tellement multipliées que souvent nos amis nous pressèrent d'abandonner l'hôtel durant la nuit. Deux ou trois fois nous cédâmes à leurs instances ; mais ce déplacement m'ennuya et j'observai... qu'il valait mieux, pour l'utilité publique et pour sa gloire personnelle, que le ministre pérît à son poste.

Depuis deux mois, elle « a fait mettre le lit de son mari dans sa chambre, afin de courir les mêmes hasards que lui, et un pistolet chargé est sous sa tête pour qu'elle puisse se soustraire aux indignités des assassins ». Elle refuse de quitter sa maison malgré « les avis qui pleuvent sur sa table », car « on lui fait l'honneur de la haïr ». Ils viennent, à son sens, « du scélérat Danton et de l'hypocrite Fabre ». Elle a beau s'enfermer dans une dignité silencieuse, les pamphlets sortent en foule. « Je suis Galigaï, Brinvilliers, Voisin, tout ce qu'on peut imaginer de plus monstrueux », dit-elle amèrement.

(1) Au procès où elle fut appelée en témoignage.

Elle écrit au chanoine Dominique pour lui confier Eudora :
« Je laisse à ma fille de bons exemples, dit-elle, une mémoire
chérie ; son père y joint quelque gloire ; il lui reste en vous et
en Mlle Mignot de sages guides. » Dans un acte signé des époux
Roland et daté du 25 décembre 92, Mme Roland déclare que,
d'après sa volonté, l'enfant doit être élevée au Clos par Mlle Mignot « qui partagera l'existence et les moyens de son élève et
recevra, après huit années révolues [Eudora aura alors vingt
ans], une rente viagère de mille francs ».

Ayant tout ordonné avec le plus grand soin, cette femme se
croit sans reproche. De même, au fort de la tragédie, elle se trouvera tranquille après avoir minutieusement réglé, l'une après
l'autre, les questions où elle se sent une part de responsabilité.

Roland, malgré son entier dévouement à la chose publique,
continuait à porter le poids quotidien d'attaques forcenées,
aussi bien devant la Convention que dans les Clubs, sans parler
des aboiements de la presse. Cependant le courage de sa femme
ne faiblissait pas et le soutenait encore.

Ce fut donc un coup de théâtre quand, le 22 janvier, vingt-
quatre heures après la mort du roi — que Roland n'avait peut-
être pas voulue (1) — Vergniaud, qui présidait, lut aux députés
la lettre de démission du ministre de l'Intérieur.

Elle était écrite de la main de Mme Roland. Comme toujours les époux étaient donc bien d'accord.

Cette brusque décision était fondée sur des raisons multiples
et il est probable que nous aurions tort de nous attacher à l'une
d'elles en particulier.

Ne cherchons pas la vérité dans les écrits de Mme Roland. Ils
éludent la question.

Il y avait le dégoût, il y avait la lassitude, évidemment. Mais
ce n'était pas tout. Roland avait trop vu sa femme évoluer,
libre et franche, parmi leurs amis communs, pour ne pas

____

(1) Il avait voté pour la mort, *après consultation du peuple.* Telle était
bien l'opinion de Mme Roland. Buzot vota de même, puis demanda de sur-
seoir à l'exécution.

s'apercevoir au commencement de l'hiver de 1792 que quelque chose avait changé en elle. La jalousie de Lanthenas ne s'y était pas trompée. Depuis l'automne, la résistance qu'elle avait jusqu'alors opposée aux passions de l'amour avait faibli : elle aimait Buzot.

Dès qu'elle en fut sûre, elle prévint Roland avec la rude probité d'une femme qui ne s'abaissera pas à la tromperie et qui croit exercer son droit, du moment qu'elle s'engage à une stricte fidélité. D'ailleurs, si elle a involontairement donné son amour, elle est résolue à garder intacts son dévouement et sa tendresse à un « vénérable vieillard » qu'elle respecte et n'a pas cessé de chérir. Mme Roland, jusqu'à la fin de sa vie, crut voir en son mari un homme supérieur aussi bien qu'un travailleur infatigable « qui pourrait facilement gouverner un empire ». Longtemps elle avait fait passer sa conviction dans le jugement de ses amis, mais quand ils n'en furent plus si certains, c'est à peine si elle eût voulu le voir mettre parfois un peu plus d'art dans son « inflexibilité ». A la veille de mourir, c'est le seul amendement qu'elle propose à ses dithyrambes.

Un mot d'elle montre, comme on l'a déjà remarqué, l'état de son cœur et de sa conscience dans le trouble de l'amour naissant :

« *Au mois d'octobre* (1792), dit-elle, *je n'ambitionnais que de conserver mon âme pure et de voir la gloire de mon mari intacte.* » C'est en septembre (au plus tôt) que son cœur avait changé.

Cet amour contentait son idéal de stoïcisme, exerçait sa force d'âme et sa gravité, et donnait le plein vol aux aspirations secrètes d'un caractère qui croyait se devoir de rester, en permanence, supérieur aux événements.

Parmi tous ceux qui l'entouraient, Buzot était le seul, peut-être, qui lui parût un égal. N'oublions pas l'éclat d'orgueil qui la porta à dire, dans ses *Mémoires*, qu'elle entendait « se défendre de toute affection qui n'eût point été à la hauteur de sa destinée ». Oui, c'est parfaitement cela.

Mme Roland honorait sa vocation. Elle ne se composait pas une figure historique — elle était trop intelligente pour cela, surtout elle avait trop de spontanéité et de naturel — mais elle cultivait le beau souci de mettre son idéal et sa conscience d'accord avec ses actes et ses sentiments.

Pour Roland ce fut l'effondrement.

Depuis douze ans, toute sa vie reposait sur l'harmonie d'une union qui, sans doute, ne lui avait jamais paru exposée au moindre danger. Si l'aveu, qui fut peut-être encore plus intolérable à son amour-propre que douloureux à son cœur, se place avant le 22 janvier, il est aisé d'expliquer sa démission par un coup de tête. D'ailleurs nous pouvons nous demander si, justement, ce n'est pas ce qu'il a voulu dissimuler en répondant lui-même dans une note autographe (précaution qui lui était étrangère), à la curiosité des historiens :

La cause de la sortie de mon ministère n'a été vue par personne... j'ai honte de le dire... je n'ai pas un homme à citer... oui, si j'eusse trouvé un seul homme qui eût conservé quelque énergie... qui n'eût pas craint de monter à la tribune... sans cesse remplie par des hommes infâmes, etc...

C'est parce qu'il n'a pas trouvé cet homme qu'il est parti. Sans doute, il y avait Buzot. Mais le drame qui se jouait entre les Roland et lui, rendait son intervention impossible. Il ne pouvait plus parler pour Mme Roland qui, d'ailleurs, nous en sommes sûrs, consentait sans hésitation au départ de son mari.

M. et Mme Roland se retirèrent pour la seconde fois dans le petit appartement de la rue de la Harpe. Le second ministère avait duré cinq mois. Mais que de travaux, que de fièvres, que de tourments ! Bien des choses étaient brisées en eux. Lui avait encore vieilli, et quant à elle, il ne lui faudra pas moins que la prison et la perspective de l'échafaud, pour lui rendre son énergie et sa bonne humeur, ainsi qu'elle disait à Bancal en 1789.

Pendant les semaines suivantes, les Roland ne prennent aucune part aux événements publics. Quelques amis seuls vont

les voir. Plus de conciliabules politiques ! Plus de muse héroïque !
Plus de fidèles au mot d'ordre ! Plus d'espérances sublimes !
La basse presse seule sait encore le nom de Roland et continue
à le vociférer.

L'ancien ministre est totalement découragé de l'action. Il
est pressé de se retirer au Clos. Mais, pour vivre, il a besoin de
sa pension de retraite et il reprend des démarches pour en
obtenir la liquidation. Quitter Paris aussitôt que possible,
c'est son plus grand désir. Mais le départ ne lui sera permis que
lorsqu'il aura rendu ses comptes de ministre démissionnaire.
Six, sept, huit fois, il demande à la Convention d'être admis à
les présenter, non par affectation d'intégrité, comme des historiens ennemis lui en ont fait le reproche, mais simplement
parce qu'il a soif, ayant fait triompher sa « vertu », d'aller
oublier aux champs les malheurs de sa patrie et les tourments
que les hommes lui ont fait subir ; parce qu'il veut emmener sa
femme loin de Buzot contre lequel il ressent une haine amère ;
parce qu'enfin, il manque d'argent et ne peut soutenir le train
exorbitant de la vie à Paris.

Les nouvelles de l'étranger étaient terribles. Une fois encore,
l'ennemi marchait sur nous et trouvait devant lui « des popu-
lations misérablement armées mais invinciblement résolues ».
Les puissances avaient déclaré « que la France avait tué la
morale, supprimé le droit ». Pour commencer à la punir, les
Anglais, par dévouement au droit et à la morale, s'étaient
installés à Toulon, et Pitt disait gaillardement qu'à la place
de la France, il y aurait désormais un blanc sur la carte de
l'Europe. Tous les royaumes étaient vertueusement dressés
contre nous et chassaient nos ambassadeurs. En sorte que les
républicains désappointés éprouvaient que, non seulement les
peuples voisins n'étaient pas prêts à s'affranchir avec recon-
naissance comme ils se l'étaient d'abord naïvement persuadé,
mais qu'au contraire, les évolutions trop précoces risquent
d'être incomprises et peuvent être dangereuses pour les nations
aussi bien que pour les individus.

La situation est affreuse aux frontières, à Paris, à Lyon,
en Belgique. La Bretagne s'insurge et, en Vendée, les chefs

royalistes, à la tête de malheureux paysans fanatisés, supplient les Anglais de leur envoyer du renfort.

« La Montagne criait, dit Michelet, la Gironde plaidait... Robespierre prêchait. Rien ne se faisait. » Et l'ennemi descendait sur Paris.

Au début d'avril arriva la nouvelle de la trahison de Dumouriez qui avait bien livré la Belgique à Cobourg et les commissaires de la Convention à l'Autriche, mais n'avait pu réussir à entraîner ses troupes dans sa défection et s'était réfugié au camp ennemi.

A la séance de l'Assemblée, les législateurs ont tous à la bouche le mot de « trahison » qu'ils se jettent furieusement tandis que les volontaires défilent au pied de la tribune en remettant leurs enfants à la Convention. Danton a fait décréter la constitution d'un *Tribunal révolutionnaire* pour arrêter et juger les traîtres, tandis que Robespierre propose aux Jacobins l'arrestation des *suspects*.

— C'est l'Inquisition ! s'écrie Vergniaud.

Danton venait de faire avertir secrètement les Girondins de se garder, lorsque, sur l'ordre du *Comité de surveillance*, les scellés furent posés rue de la Harpe, chez les Roland, ridiculement accusés de complicité avec Dumouriez et l'émigation. Bientôt apparaît le terrible pamphlet qui devait perdre la Gironde, *l'Histoire des Brissotins*, dû à l'inspiration de Robespierre et à la plume mordante, mais coupablement étourdie de Camille Desmoulins, qui *pleura* trop tard sur le mal qu'il avait fait. Un troupeau de malheureuses femmes vinrent battre les murs de la Convention en criant que, si le peuple manquait de pain, c'est que les Girondins, pour l'affamer, le jetaient à la Seine. Les Clubs proposèrent, comme une réplique, le massacre des Girondins. L'émeute couvait. Robespierre, en pleine séance de l'Assemblée, s'écria :

Quand le peuple est opprimé, quand il ne lui reste plus que lui-même, celui-là serait un lâche qui ne lui dirait pas de se lever... Ce moment est arrivé.

Le 31 mai l'insurrection éclata au son du tocsin.

Les Girondins se sentaient perdus de tous les côtés : d'une part la Montagne, de l'autre l'émigration.

Vadier, acharné contre la Gironde, tout en se défendant (mollement), d'être disciple de Marat, « souvent utile par ses présages, quelquefois pur et austère dans ses principes, surtout peu dangereux par ses conseils », déclara qu' « il n'en était pas de même du modérantisme », cette opinion qui tue lentement et dont l'insurrection est l'unique remède ».

Sous le canon d'Hanriot, commandant du bataillon du Jardin des Plantes, les députés, prisonniers dans la salle des séances, balançaient. Aucun d'entre eux n'offrait d'idée précise. Les adversaires de la Gironde s'appuyaient, pour la perdre, non sur un principe ou sur une loi, mais sur le droit du plus fort qui leur était momentanément échu. La Terreur se préparait. Investis d'un pouvoir arbitraire s'il en fut jamais, les condamnants vont suivre de près leurs condamnés dans un vertige sanglant qui, logiquement, conduira la France à l'Empire.

Rue de la Harpe, l'infâme accusation avait grandement fortifié les Roland dans leur projet de retraite et Mme Roland, qui venait de se décider à partir seule avec sa fille pour le Clos, avait déjà demandé des passeports, lorsque, au milieu de la nuit du 31 mai au 1er juin, elle fut arrêtée dans son lit pendant que Roland, aidé par Bosc, fuyait vers les bois de Montmorency.

Ce n'était plus qu'une question de force entre les Girondins et les extrémistes. Ceux-ci, dont tout le programme était de s'emparer de la faveur populaire, auraient pu leur adresser des reproches plus mérités que celui de fédéralisme.

Le licol juridique gênait les mouvements des Girondins au point de les paralyser. Ils avaient l'esprit étroit, presque craintif, — eux si braves — dès qu'il fallait agir. Ils manquèrent d'invention et de perspective, eux dont le devoir le plus urgent était l'inspiration et la grandeur.

Les Girondins avaient fait la guerre mais n'avaient rien tiré de la victoire. A la vérité, ils ne s'étaient pas non plus beaucoup préoccupés des souffrances du peuple. Ils n'avaient pas fait de lois sociales. Ils n'avaient pas cherché de remèdes à ce que nous appelons la *vie chère*. Ils étaient trop portés, en dehors de beaucoup de beaux discours sur « le peuple abusé », à confondre les travailleurs et les bonnes gens avec les égorgeurs et les braillards. Par là, ils permirent, jusqu'à un certain point, de croire que les « aristocrates » en fuite avaient reparu en eux.

Cependant Mme Roland devait dire : « La faiblesse est le pire de tous les défauts dans ceux qui gouvernent, particulièrement au milieu des factions. » Surtout elle craignait « les demi-mesures et la manie prétendue conciliatrice ». « Un homme d'État doit être rigoureux dans les principes, ferme dans l'action. Jamais obstacles ni considérations ne doivent le faire plier au premier égard ni dévier au second. » Ce sont ses propres termes.

De tels sentiments ne sont point seulement fondés sur la théorie. Mme Roland a souffert sans patience de défauts dont le souvenir la tourmenta jusqu'au dernier jour. Du reste, son influence cessa d'être décisive quand la confusion des pouvoirs rompit tous les freins. Nul doute qu'elle n'ait voulu des réformes complètes : elle avait le tempérament radical. Mais il y eut un moment où elle ne fut plus qu'une feuille sur la mer.

Pendant qu'on l'enfermait à l'Abbaye, les Girondins, ceux de son clan et d'autres, avaient passé la nuit chez un des leurs nommé Meilhan. Ils se sentaient perdus, mais ils se devaient de bien tomber. Tandis qu'ils discutaient, comme toujours, pour savoir si, oui ou non, ils se rendraient à la séance, la nouvelle de l'arrestation de Mme Roland leur arriva.

Rendus furieux, ils volent à l'Assemblée. Buzot et Barbaroux sont sublimes de bravoure et de foi révolutionnaire. Sous un aspect tranquille qui cachait des passions fortes, Buzot était de ces timides qui ne restent jamais interdits devant l'attaque et chez qui le danger fait éclater l'éloquence. Barbaroux refuse de donner sa démission. Il a « juré de mourir à son poste. Il tiendra son serment ».

Mais la force armée est là qui entoure la salle où la Convention délibère. Les députés sortent en masse derrière leur président, Hérault de Seychelles, et tentent de passer à travers les troupes qui les encerclent. Hanriot, lorsqu'il les voit venir, les reçoit en criant à ses hommes : « Canonniers, à vos pièces ! »

La Convention revint sur ses pas, reprit séance, s'abattit sur les genoux et livra les Girondins.

CHAPITRE V

LA PRISON. — LA GUILLOTINE
(31 MAI-8 NOVEMBRE 1793)

> « J'ai trop de courage pour avoir
> besoin d'en montrer. »
>
> Mme ROLAND.

Quels cris répétés se font entendre?... Ce sont ceux d'un colporteur qui annonce la grande colère du *Père Duchêne* contre cette b... de Roland *qui est à l'Abbaye.* La grande conspiration découverte des royalistes, Buzotins, Pétionistes, Girondins, *avec les rebelles de la Vendée, les agents de l'Angleterre*, etc... (1).

Nous sommes au 20 juin.

Depuis vingt jours Mme Roland est enfermée à l'Abbaye, entre les murs d'une prison sordide où, depuis moins de dix mois, le sang des victimes de Septembre sèche sur le plancher. .

Il est huit heures du matin.

Les crieurs sont renseignés. Ils savent dans quel point de la sinistre bâtisse est logée l'ennemie de la Révolution, la *vieille édentée* qu'ils recommandent à la vengeance du peuple. Ils se tiennent sous sa fenêtre même et, sans rémission, leurs abois se répondent, reprennent les uns sur les autres, s'éloignent, montent, descendent, reviennent furieusement.

Harcelée de la sorte, la prisonnière a perdu son sang-froid. Elle écrit à Garat qui a succédé à Roland au ministère de l'Intérieur:

Le brigand qui persécute, l'homme exalté qui injurie, le peuple trompé qui assassine, suivent leur instinct et font leur métier;

(1) Lettre à Garat, datée dn 20 juin 1793, à 8 heures du matin. Prison de l'Abbaye.

mais l'homme en place qui les tolère est à jamais déshonoré...

Fais maintenant de beaux écrits ; explique en philosophe les causes des événements, les passions, les erreurs qui les ont accompagnées. la postérité dira toujours : il fortifia le parti qui avilit la représentation nationale ; il invita la Convention à plier devant une poignée d'anarchistes ; il porta secours et appui à une Commune usurpatrice qui méconnut l'autorité législative et proscrivit la vertu.

Va, je sais ce que précèdent ordinairement ces provocations outrageantes. Que m'importe? Depuis longtemps je suis prête. Dans tous les cas reçois cet adieu que j'envoie, comme le vautour, ronger ton cœur.

Depuis l'insurrection du 31 mai, les pouvoirs publics se débattent dans une confusion où ne se distingue plus aucune base solide. La Convention s'est suicidée en livrant vingt-deux de ses membres à la Commune qui, du reste, n'en a pas été fortifiée. Danton s'abandonne au courant, Robespierre est dans l'expectative, et les hébertistes résument l'anxiété générale par un mot sombre : « Les Girondins vivent encore. » Ainsi, dans la Rome impériale, en temps de calamité publique, s'élevait un cri sauvage : « Les chrétiens aux lions ! »

Au hasard d'une parole de carrefour, des comités insurrectionnels sont sortis de ce chaos et vont d'autant plus vite en besogne qu'ils ne s'embarrassent pas de la légalité où Mme Roland, fidèle théoricienne de la Révolution, se retranche contre la tyrannie.

Arrêtée chez elle, au milieu de la nuit, par ordre d'un comité révolutionnaire, elle s'était fait montrer un pouvoir illégal où le motif était en blanc. Républicaine instruite et disciplinée, elle ressent l'outrage infligé à la loi avant l'injure faite à sa personne et à son caractère. La loi ordonne que le mandat d'arrêt soit signé d'un magistrat en fonction. La loi commande que tout prisonnier soit interrogé dans les vingt-quatre heures. Quoique incarcérée depuis vingt jours, elle n'a encore subi aucun interrogatoire. Enfin, quand on est venu l'arrêter, cinquante, cent personnes, circulaient dans l'appartement dont la porte était ouverte et rien n'empêchait une main maligne d'introduire un papier compromettant dans la bibliothèque, par exemple.

Mme Roland avait embrassé sa fille en la confiant à la bonne Fleury qui sanglotait.

— Vous avez là des personnes qui vous aiment, dit un des commissaires assez penaud.

— Je n'en ai jamais eu d'autres auprès de moi, avait-elle répondu dignement.

En bas, deux haies d'hommes armés entouraient un fiacre arrêté au milieu d'un rassemblement. Le fiacre s'ébranla. La foule suivit. Des femmes crièrent : « A la guillotine ! » et Mme Roland, fière au milieu des outrages, regardait tranquillement par les portières dont elle empêchait que l'on fermât les vitres.

Dans un langage admirable, à peine entrée en prison, elle écrit à la Convention une lettre dont ses amis Bosc et Champagneux (1), accourus auprès d'elle, tâchent de lui faire adoucir quelques termes.

Mais le *Moniteur* arrive. Elle le lit. Elle y voit le décret d'arrestation des vingt-deux Girondins. Elle crie : « Mon pays est perdu ! »

Il a fallu le danger de ses amis et l'abaissement de la République pour qu'elle aperçût les menaces de sa propre situation.

Sur le sort de Roland et d'Eudora, Bosc a rassuré son amie. Il est allé rue de la Harpe. Il a conduit la petite fille chez les bons Creuzé-Latouche qui l'ont « mise au nombre de leurs enfants ». Quant à Roland, il est caché au prieuré de Sainte-Radegonde (2), dans la forêt de Montmorency. De là, il tâchera de se rendre à Rouen, chez ses vieilles amies Malortie (3) dont le dévouement n'est pas douteux.

Tranquille à l'égard des siens, Mme Roland songe à organiser sa vie.

Quand elle était entrée en prison, une odeur gluante de misère et de malpropreté l'avait saisie aux narines et ses

(1) Après le départ de Roland, Champagneux avait conservé son emploi sous Garat, le nouveau ministre, dans les bureaux du ministère de l'Intérieur.

(2) Bancal des Issarts l'avait acheté sur le conseil de Bosc et payé 8 000 livres.

(3) Les chanoinesses Malortie habitaient rue aux Ours.

yeux s'étaient rivés aux barreaux de la fenêtre. Mais une ferme réaction de son courage l'avait immédiatement redressée.

D'abord, de la propreté, de l'ordre.

Ne se fiant qu'à elle-même, elle entreprend de laver les murailles, le plancher. Elle étend une serviette blanche sur une vilaine table : ce sera son bureau. Elle installe un porte manteau avec « deux grosses épingles de tête » qu'elle enfonce dans le mur. Puis elle prépare la liste des livres qu'elle se fera apporter : Plutarque, d'abord ; ensuite Hume, Shaftesbury, Thomson et un dictionnaire anglais. Par instants, au dehors, le tumulte et les roulements de tambour s'aggravent. Elle écoute, se remet à ses préparatifs, mais sans pouvoir s'empêcher de hausser les épaules, car la porte peut s'ouvrir à tout instant sous la poussée d'une bande furieuse, comme en Septembre dernier lorsque le prisonnier de cette même cellule périt assassiné en ce même lieu.

Le meilleur remède à de telles pensées est dans sa plume, elle le sent bien.

Elle se met à écrire, à écrire une bonne partie du jour et de la nuit. Elle écrit à sa Section (1). Elle écrit au ministre de la Justice une lettre qui, dès la première ligne, résume la question avec force.

Citoyen, je suis opprimée, j'ai donc sujet de vous rappeler mes droits et vos devoirs.

Elle écrit à Dulaure qui a publié d'ineptes accusations contre les Girondins dans le *Thermomètre du jour*. Surtout elle compose des *Notes historiques* sur les événements qu'elle a observés de près et, si elle s'interrompt un instant, ses yeux se posent avec délices sur les belles fleurs que Bosc lui fait envoyer du Jardin des Plantes.

Cela durait depuis vingt-quatre jours lorsque, à sa grande surprise, un commissaire qui l'avait fait appeler chez le concierge de la prison, lui dit brusquement :

« Je viens vous mettre en liberté. »

Elle apprend que, rue de la Harpe, les scellés vont être levés et qu'elle peut rentrer chez elle.

____

(1) La section de Beaurepaire où le nom de Roland était populaire.

Le gardien en est fort aise. Il ne sait que faire de tout ce monde qu'on lui envoie depuis quelque emps. A la place de Mme Roland, il va pouvoir mettre Brissot qui a été arrêté la veille, à Moulins, sur le chemin de la Suisse, et il presse le départ de cette étrange prisonnière qui a trouvé moyen de vivre à l'Abbaye, si souriante entre ses livres et ses fleurs que, dit-il, il appellera désormais sa cellule, le Pavillon de Flore (1).

Mme Roland est libre. Ses préparatifs ne sont pas longs. Justement sa bonne Fleury vient d'arriver pour la voir. Elle saute en fiacre et, bientôt, sans doute grisée par le grand air, elle débarque devant sa porte. Mais elle n'avait pas plus tôt crié bonjour au portier et monté quatre marches, que deux hommes surgissaient de l'ombre en disant : « Citoyenne Roland, de par la loi, nous vous arrêtons. »

Sa mise en liberté n'était qu'une farce dérisoire imaginée par la Commune pour mettre en règle les pièces d'une arrestation illégale. Quoi donc, le mandat du 1er juin n'était pas fondé en droit? On avait parlé d'irrégularités? N'était-ce que cela? Eh bien! la prisonnière sera lâchée! Rien de plus aisé ensuite que de remettre la main sur elle et, cette fois, croyez-le, au moyen d'un pouvoir qui démontrera clair comme le jour, qu'innocente à sa sortie de l'Abbaye, elle était coupable en arrivant rue de la Harpe.

Ce jour-là, Mme Roland fut enfermée à Sainte-Pélagie avec les filles publiques.

Mon courage n'était point au-dessous de la nouvelle disgrâce qu'il venait d'essuyer ; cependant le raffinement de cruauté avec lequel on m'avait donné l'avant-goût de la liberté... pour me retenir plus arbitrairement sous une apparence de légalité, m'enflammait d'indignation.

Mais chez cette créature qui offrait un exemple étonnant d'équilibre organique et de santé morale, les « états violents » ne duraient pas : « J'ai besoin de me posséder, dit-elle, parce que j'ai l'habitude de me régir. »

____

(1) Charlotte Corday devait aussi être enfermée dans cette cellule quelques eurs plus tard.

Femme de Roland, ministre de l'Intérieur en 1792
et jugée à mort le 19 brumaire l'an II

(Portrait et vignette de Duplessi-Bertaux)

FAC-SIMILE DES DERNIÈRES LIGNES DES MÉMOIRES DE MADAME ROLAND

ÉCRITS A SAINTE-PÉLAGIE

... Je ne sais plus conduire la plume au milieu des horreurs qui déchirent ma patrie, je ne puis vivre sur ses ruines, j'aime mieux m'y ensevelir. Nature, ouvre ton sein, Dieu juste, reçois-moi! (Paraphe habituel de Madame Roland). A trente-neuf ans.

Après tout, qu'y a-t-il de si changé dans sa condition? se demande-t-elle. Et elle répond avec une bravoure imposante : « A Sainte-Pélagie comme à l'Abbaye, n'avais-je pas des livres, du temps? N'étais-je plus moi-même? » Elle s' « indigne presque d'avoir été troublée » et ne songe plus qu'à « *user de la vie* — quel mot sous cette plume ! — à employer ses facultés avec cette indépendance qu'une âme forte conserve au milieu des fers ». Ses *Mémoires* vont sortir de cette disposition naturelle à la résistance, à l'entrain, au travail.

Composés en moins de deux mois, presque sans corrections, écrits de ces caractères fermes et bien liés qui ont ici le sens d'un symbole, les *Mémoires* forment un document humain de grand ordre qui n'a pas pris sa vraie place dans les lettres françaises, au voisinage des *Confessions*.

On a blâmé Mme Roland de s'y être montrée peut-être vaniteuse. On l'a trouvée trop sûre d'elle. On lui a reproché son esprit d'exclusion.

Avant de juger le testament qui est la conclusion de sa vie, il aurait fallu d'abord connaître l'histoire de cette vie. Une édition fautive d'un choix discutable de lettres aux demoiselles Cannet, un article de Sainte-Beuve, c'était tout ce qui accompagnait et préparait généralement la lecture des *Mémoires*. Comment les eût-on mis dans leur vrai jour?

Mme Roland était bien forcée de reconnaître sa valeur quand elle se comparait. Elle était trop fière pour n'être pas véridique. De plus, en une certaine mesure, elle croyait à sa mission, comme nous l'avons dit, et elle était portée par une foi qui n'attendait de récompense que de la satisfaction de sa conscience intime. Le martyr ne se serait pas jeté aux bêtes s'il avait douté de la fermeté de son courage et de la puissance de son Dieu.

Les *cahiers* ont presque la physionomie des lettres. C'est d'une plume incroyablement sereine qu'elle a écrit la fin si poignante :

« Nature, ouvre Ton sein ! Dieu juste, reçois-moi. A trente-neuf ans », et tracé sous ces mots, d'un trait de plume superbement dessiné, son paraphe habituel (1).

____

(1) Elle signait (fort rarement) : Roland née Phlipon.

Un avocat à la cour royale d'Amiens, M. Breuil, qui avait connu les demoiselles Cannet, dit que les *Mémoires* rappellent cet *iambe* qu'André Chénier traçait le 7 thermidor et laissa inachevé — pour que le bourreau n'attendît pas.

Mme Bouchaud, gardienne à Sainte-Pélagie, était une bonne femme qui souffrait de voir Mme Roland persécutée. Elle s'ingéniait à lui procurer quelques adoucissements. De son chef, pour l'enlever à un abject voisinage, elle la logea dans une chambre du rez-de-chaussée (1) et apporta sous la fenêtre un jasmin qui s'enroula autour des barreaux de la croisée. De leur côté, Bosc et Champagneux entouraient la prisonnière de ces soins exquis qui partent des cœurs aimants. Mais, pour eux aussi, les temps devenaient menaçants. Champagneux, sur une burlesque dénonciation de Collot d'Herbois, est envoyé à la Force, tandis que Bosc, déclaré *suspect*, est obligé de se cacher à son tour au prieuré de Sainte-Radegonde. Vêtu en paysan, il mène une vie tranquille dans cette retraite sauvage et trouve moyen, sans être soupçonné, de venir à Paris *deux ou trois fois par semaine*, pour apporter à Mme Roland un bouquet de fleurs des bois. Il risque chaque fois sa liberté et sa vie. Mme Roland le supplie vainement d'interrompre des visites si dangereuses pour lui, rien ne peut le dissuader, jusqu'au jour où, la Commune ayant mis « un espion à demeure dans le guichet », le cher Bosc ne passe plus.

Privée de ses amis, séparée des siens, livrée aux pouvoirs anarchiques, Mme Roland n'est cependant pas seule. Elle trouve sa société et son soutien dans une image qu'elle cache sur son sein, un portrait que son sang réchauffe.

Plusieurs personnes avaient reçu la confidence du nœud secret qui unissait Buzot et Mme Roland (2). Celle-ci, grâce à d'admirables dévouements, avait pu recevoir des nouvelles et

(1) Un administrateur, qui s'en aperçut, se mit en colère et ordonna à la gardienne de respecter l'égalité en remettant Mme Roland au quartier des filles publiques.

(2) Buzot avait pu s'enfuir avec Barbaroux, Pétion, Guadet, Louvet, etc. Ils étaient réfugiés dans le Calvados.

faire passer des lettres. A la suite de beaucoup d'aventures, cinq de ses lettres ont été retrouvées (1). Elles sont pathétiques et nous touchent, aussi bien par l'expression qui palpite que par la noblesse du lien qu'elles découvrent. Grâce à elles, nous pénétrons dans les profondeurs d'un trésor où cette sensible stoïcienne se montre l'égale des grands modèles humains qu'elle se proposait en exemple, et nous voyons fleurir, dans une passion tardive et maîtrisée, des nuances de sentiments que les plus grands poètes seraient jaloux de n'avoir ni conçues, ni observées.

C'est ainsi que Mme Roland repousse tout projet d'évasion.

Roland lui a inutilement envoyé Henriette Cannet qui est prête à prendre la place de son amie d'enfance. Buzot aussi a proposé un plan. Mais, en premier lieu, la prisonnière ne permettra jamais à personne de s'exposer à sa place. Là-dessus, elle est irréductible. Ensuite, elle se refuse à compromettre les bonnes gens qui lui rendent la captivité moins dure. Enfin, et c'est là le point, que ferait-elle de la liberté? Elle a trop d'honneur pour aller rejoindre Buzot. Elle sait bien, au contraire, qu'elle ne pourrait sortir de prison que pour consoler dans sa vieillesse désabusée Roland, proscrit amer et triste. Pourquoi forcerait-elle son sort? Avec une bonne foi qui resplendit, elle ose vanter à Buzot (2) le « charme d'une prison, et la tranquillité morale où l'on y vit ».

Auparavant, dit-elle, il ne m'était même pas permis de chercher cette indépendance et de me décharger ainsi du bonheur d'un autre qu'il m'était si difficile de faire ; les événements m'ont procuré ce que je n'eusse pu obtenir sans une sorte de crime. Comme je chéris les fers où il m'est libre de t'aimer sans partage et de m'occuper de toi sans cesse !

...Quiconque sait aimer comme nous, porte en soi le principe des plus grandes et des meilleures actions.

Elle possède la faculté de satisfaire pleinement son esprit par la vertu d'une formule. Lorsqu'elle a trouvé celle-ci, elle y

(1) En 1864.
(2) Lettre du 7 juillet 1793.

découvre un soutien définitif. Elle s'y appuiera jusqu'au bout. Qu'en avait deviné Champagneux lorsqu'il écrivait :

J'avais bien admiré Mme Roland dans les autres moments de sa vie, mais je ne l'appréciai comme il faut que sous les verrous. Quelle dignité elle avait portée dans sa prison ! Elle y était comme sur un trône !

Cependant les jours passaient. Le mois de septembre était venu. On avait beaucoup redouté, dans les prisons, que les égorgeurs de l'an passé ne voulussent fêter, par de nouveaux massacres, cet horrible anniversaire. Un jour que la santé de Mme Roland donnait lieu à des inquiétudes, les gardiens demandèrent un médecin.

Celui qui vint se présenta franchement comme « l'ami de quelqu'un que, sans doute, la prisonnière n'aimait point : Robespierre. »

Le dialogue est dramatique, quoique maintenu sur un ton de modération et de courtoisie (1) qui confond :

— Robespierre, dit-elle, je l'ai beaucoup connu et beaucoup estimé ; je l'ai cru un sincère et ardent ami de la liberté.

— Eh ! ne l'est-il plus ?

— Je crains qu'il n'aime aussi la domination..., etc.

Mais, le médecin parti, la vive pensée de Mme Roland circule autour du nom terrible qui vient d'être prononcé et elle écrit à Robespierre :

Je ne vous écris pas pour vous prier, vous l'imaginez bien ; je n'ai jamais prié personne, et certes ce n'est pas d'une prison que je commencerai de le faire à l'égard de quiconque me tient en son pouvoir.

---

(1) Sur le prétendu manque d'éducation de Mme Roland, il s'est trouvé des personnes pour faire état des bavardages apocryphes de la soi-disant marquise de Créqui ou plutôt du soi-disant comte de Courchamps.

H. Riouffe, qui a connnu Mme Roland dans les derniers jours de sa vie, c'est-à-dire dans un de ces moments critiques où l'on se montre dans sa vérité, a au contraire observé chez elle « une certaine politesse de cour », et Sainte-Beuve a écrit : « Elle avait un ton accompli de femme et une grâce perfectionnée que le frottement révolutionnaire ne put jamais flétrir. »

De quelle hauteur elle parle (1)! Quand on considère l'élé-
vation du plan où elle se tient, on ne croirait pas que c'est un
accès de gaieté qui l'en fera descendre. Mais elle était Française
— autant qu'on l'a jamais été. Elle avait besoin de rire, parfois,
pour supporter ses peines. Elle n'était pas la seule, du reste,
et l'on sait que l'esprit français fut plus fort que l'angoisse dans
les prisons de la Terreur.

A ce moment venait d'arriver à Sainte-Pélagie une jeune et
sémillante Toulousaine dont le mari avait été mis dans une
autre prison. Ce mari, un brave M. Montané, président de *tribunal extraordinaire*, avait commis, par pitié, de nombreuses irrégularités et s'était fait prendre. Lorsqu'il apprit, dans sa prison,
qu'à Sainte-Pélagie, où était la présidente, venait d'arriver
un séducteur professionnel, le fameux duc de Lauzun, il s'in-
quiéta grandement de ce qu'il pourrait arriver à son honneur
conjugal si « le général Biron », comme on disait, venait
quelquefois se promener dans le quartier des femmes. Cette
jalousie amusa au plus haut point les malheureux détenus et
Mme Roland, moqueuse et riante, fut chargée d'écrire une lettre
de persiflage au pauvre homme pour le rassurer.

Mais ce n'était là qu'un intermède exceptionnel (2).

Mme Roland a demandé au loyal Bosc de lui procurer du
poison pour « s'en aller tout juste avant la cérémonie ». Mais Bosc,
affermissant son cœur si doux, tâche de hausser son courage
jusqu'à celui de son amie. Peut-être, aussi, n'a-t-il pas aban-
donné cette sorte d'espoir tenace qui, contre toute raison, croit
aux revirements brusques du destin. Il répond que le devoir
de Mme Roland, à l'égard de la cause et de ses amis, est d'aller
jusqu'au bout.

Elle l'a entendu sans protester. Avec douceur, elle se range
à l'opinion de son fidèle. Une telle voix est déterminante. Le

(1) Mme Roland réfléchit et la lettre ne partit pas.
(2) Il est à remarquer que Mme Roland ne parle pas, dans les écrits et dans
les lettres qui nous sont parvenus, de la situation terrible où se trouvait la
France qui, une fois encore, était en train de se sauver elle-même avec le grand
Carnot. La décisive bataille de Wattignies avait dû lui faire battre le cœur.
Elle n'en dit rien pourtant, ni de la mort de la reine guillotinée le même jour.

26 octobre, quand elle n'a plus que douze jours à vivre, elle lui répond. Quel son rendent des mots comme ceux de cette phrase allègre :

« Je me porte à merveille ; j'ai la tête aussi saine et le courage aussi vert que jamais. »

Alors que tous ses amis étaient tenus loin d'elle (1), il se trouva qu'un nouveau venu, qu'elle appela d'un nom de convention pour éviter de le compromettre, vint adoucir les dernières journées de la prisonnière. On se demandait encore qui pouvait bien être ce *Jany*, sur lequel tous les éditeurs avaient fait des conjectures évidemment fausses, lorsque M. Claude Perroud, au cours des remarquables travaux qu'il a consacrés à Mme Roland, découvrit qu'il s'agissait d'un membre de l'Institut, nommé Edme Mentelle, historien et géographe. C'est donc sur Mentelle que Mme Roland s'appuya avec une douceur sublime pour s'arracher à la vie. C'est à cet ami dernier qu'elle écrivit p usieurs de ses dernières lettres, confia ses vœux secrets, adressa ses derniers soupirs.

« Je sais que B. [rissot] va être immolé, lui dit-elle, sur un ton poignant... Je trouve plus atroce que cela même la disposition qui interdit tout discours aux accusés. »

Un nouveau décret présenté par Faure, député de la Haute-Loire, pour augmenter le rendement, jugé trop faible, des tribunaux révolutionnaires, venait en effet d'interdire aux avocats de présenter la défense des accusés. Mme Roland, hautement pénétrée de l'esprit de 1789, ressentit avec une irritation méprisante l'iniquité d'une pareille mesure, mais on devine aussi que, dans sa solitude, elle s'était souvent représenté le jour où elle se trouverait face à face avec ses

____

(1) De son côté, Bancal des Issarts était prisonnier en Autriche. Bancal, le 30 mars 1793, fut l'un des quatre commissaires envoyés aux armées avec le ministre de la Guerre Beurnonville — par un décret de la Convention — pour ordonner à Dumouriez de faire sa soumission. Mais le général livra à l'ennemi les cinq commissaires qui furent conduits à Olmütz. Ils y restèrent vingt mois, puis, échangés contre la fille de Louis XVI, ils purent rentrer en France à la fin de 1795.

accusateurs et qu'elle avait mis tous ses soins à composer un discours qui les confondît :

Tant qu'on pouvait parler, je me suis senti de la vocation pour la guillotine ; maintenant il n'y a plus de choix, et massacrée ici ou jugée là, c'est la même chose.

Elle demande à « Jany » de passer régulièrement chez Mme Sophie Grandchamps, sans doute pour y recevoir des nouvelles des « députés fugitifs ». C'est à « Jany » qu'elle remet les plus récents cahiers de ses *Mémoires* (1), à lui enfin qu'elle confie dans un renoncement suprême, quand l'heure la presse inexorablement, le médaillon de Buzot — *this dear picture* comme elle dit (2). Le 8 octobre (1793), elle écrit une dernière fois à sa fille. Elle ne veut pas pleurer. Hélas ! comment peut-elle y réussir ! A sa bonne Fleury, l'amie humble et sûre, sur le même grand papier sordide, elle laisse un adieu qui déchire. Ces lettres, avec le dernier cahier des *Mémoires* et l'éloquente conclusion intitulée : *Mes dernières pensées* (3), furent ensemble cachetées pour être remises à Jany (4).

Ayant réglé avec le plus grand soin le détail de ses affaires privées, pensé à la harpe de sa fille, pensé à la rente des vieux parents Besnard qui vivent toujours « rue et île Saint-Louis », elle laisse deux petites bagues, les seuls bijoux qu'elle eût jamais possédés et auxquels son souvenir seul conférait du prix, l'une à Bosc, l'autre au père adoptif d'Eudora. Elle dit adieu à « l'homme respectable qui est son époux » ; adieu aux « rustiques habitants de Theizé (5) qui bénissiez ma présence, dit-elle, dont j'essuyais les sueurs, adoucissais la misère et soignais les maladies » ; adieu à ces « cabinets paisibles » où elle avait jadis « nourri son esprit de vérité ».

(1) Les premiers avaient été confiés à Bosc qui les avait cachés à Sainte-Radegonde, sous la grosse poutre de la porte charretière.

(2) Ce médaillon, qui porte au dos une notice écrite de la main de Mme Roand, est conservé à la Bibliothèque municipale de Versailles.

(3) Elle écrivit sous le titre : « *To be or not to be, it is the question*. Elle sera bientôt résolue pour moi. »

(4) Mentelle avait également reçu en dépôt les *Mémoires* de Brissot.

(5) Le village voisin du Clos de la Platière.

Le 24 octobre Mme Roland est appelée en témoignage au procès des Girondins et, pendant qu'elle attend au greffe, elle parle ouvertement avec « force et liberté à tous ceux qui sont là », presque devant Hébert et Chabot, aux écoutes derrière la cloison.

Le soir, n'ayant pas été appelée, elle écrit une importante réponse à Amar, le rédacteur de l'*Acte d'accusation* des Girondins, c'est-à-dire *des députés auteurs de la conspiration contre 'unité et l'indivisibilité de la République, contre la liberté et la sûreté du peuple français.*

Mais il devient évident que l'on redoute sa parole et que le tribunal ne la fera pas comparaître. Elle le devine :

J'en ai peur, je désire mériter la mort en allant leur rendre témoignage tandis qu'ils vivent, et je crains de perdre cette occasion. Je suis sur les épines. J'attends l'huissier comme une âme en peine attend son libérateur.

La Révolution a donné carrière à un certain goût instinctif qu'elle s'est toujours senti pour les périls. Au fond, elle est à son aise sous les éclairs. Elle se porte par nature aux lieux où va tomber la foudre et ce tempérament hardi cherche l'occasion de tenir tête à l'orage.

Le 31 octobre arriva.

Entassés dans cinq charrettes, tous debout, sauf Valazé qui s'était percé le cœur d'un coup de poignard et fut guillotiné mort, les Girondins, d'une voix à jamais déchirante et mémorable, chantaient l'*hymne* des Marseillais :

> Contre nous de la tyrannie
> Le *couteau sanglant* est levé...

A la même heure Mme Roland fut transférée à la Conciergerie où elle passa huit jours dans « un lieu infect ».

Elle avait d'abord désigné Chauveau-Lagarde pour son défenseur, mais, réfléchissant qu'elle allait le compromettre, elle lui avait dit : « Ne venez pas au tribunal, je vous désavouerais (1). »

(1) Ce fut un homme de loi, désigné d'office par le tribunal, qui remplaça Chauveau-Lagarde.

La question était de savoir « s'il avait existé une conspiration
horrible contre l'unité, l'indivisibilité de la République, la liberté
et la sûreté du peuple français. Marie-Jeanne Phélippon, femme
de Jean-Marie Roland, est-elle auteur ou complice de cette
conspiration »? Un autre acte du procès l'accuse « d'avoir
cherché à introduire la guerre civile ».

Elle est perdue d'avance. Elle le sait, mais conserve néanmoins un tel sang-froid que, lorsqu'elle rentre dans sa cellule
et que, de mémoire, elle reconstitue les débats, son texte se
trouve identique à celui du greffier.

Dans la nuit, elle rédige un ardent *Projet de défense au tribunal*, son dernier écrit, inutile puisqu'elle ne put parler.

Honoré Riouffe, administrateur « suspect », qui était arrivé
à la Conciergerie deux jours avant la condamnation des Girondins, écrivit dans ses *Mémoires* (1) des pages d'un charme poignant sur « *cette jolie femme française dont on préparait l'échafaud* » et qui « derrière la grille du quartier des femmes, parlait
avec la liberté et le courage d'un grand homme ». C'était, dit-il,
« un des miracles de la Révolution auxquels on n'était point
encore accoutumé. » Il continue :

Le sang des vingt-deux fumait encore lorsque la citoyenne Roland
arriva, bien éclairée sur le sort qui l'attendait. Sa tranquillité n'en
était point altérée. Sans être à la fleur de l'âge, elle était encore
pleine d'agrément. Elle était grande et d'une taille élégante. Sa physionomie était très spirituelle, mais ses malheurs et une longue déten-
tion avaient laissé sur son visage des traces de mélancolie qui tem-
péraient sa vivacité naturelle. Elle avait l'âme d'une républicaine
dans un corps pétri de grâces et façonné par une certaine politesse
de cour. Quelque chose de plus que ce qui se trouve ordinairement
dans les yeux des femmes, se peignait dans ses grands yeux noirs
pleins d'expression et de douceur... Elle resta huit jours à la Conciergerie et sa douceur l'avait déjà rendue chère à tout ce qu'il y
avait de prisonniers qui la pleurèrent sincèrement...
Nous étions tous attentifs autour d'elle, dans une espèce d'admira-

---

(1) *Mémoires d'un détenu pour servir à l'histoire de la tyrannie de Robespierre.* Le cadre étroit de ce petit volume ne permet malheureusement pas
de citer entièrement un témoignage de si grand prix !

tion et de stupeur... La femme qui la servait me dit un jour : « Devant vous elle rassemble toutes ses forces, mais dans la chambre elle reste quelquefois trois heures appuyée sur sa fenêtre à pleurer... Ce mélange d'amollissement naturel et de force la rendait plus intéressante.

Le jour où elle monta à l'interrogatoire, nous la vîmes passer avec son assurance ordinaire. Quand elle revint, ses yeux étaient humides. On l'avait traitée avec une telle dureté, jusqu'à lui faire des questions outrageantes pour son honneur, qu'elle n'avait pu retenir ses larmes tout en exprimant son indignation.

Le 8 novembre arriva. Riouffe continue :

Le jour où elle fut condamnée, elle s'était habillée en blanc et avec soin. Ses lourds cheveux noirs tombaient épars jusqu'à sa ceinture. Elle eût attendri les cœurs les plus féroces... D'ailleurs elle n'y prétendait pas. Elle avait choisi cet habit comme symbole de la pureté de son âme. Après sa condamnation elle repassa dans le guichet avec une vitesse qui tenait de la joie. Elle indiqua par un signe démonstratif qu'elle était condamnée à mort.

On sait que les sentences étaient exécutées le jour même.

Elle souffrit avec calme, dit Champagneux (1), l'abord de l'exécuteur. Elle vit sans aucun murmure couper ses cheveux ; elle se laissa lier les mains.

Montée dans la charrette, elle y trouva un ci-devant directeur de la fabrication des assignats nommé Lamarche (2), condamné comme elle, mais qui n'avait pas son courage et qu'elle parvint à réconforter au point de le faire sourire. Sans cesser de lui parler, lentement elle traversa la ville sous les huées et les insultes, puis arriva place de la Révolution au moment où le jour tombait (3).

(1) CHAMPAGNEUX, *Discours préliminaire* de son édition des *Mémoires* de Mme Roland : « Le portrait que Riouffe a fait de la citoyenne Roland, loin d'être flatté, me semble au-dessous de la réalité. »

(2) Prévenu d'avoir « cherché à frauder et trahir les intérêts de la République et d'avoir prévariqué dans ses fonctions en s'appropriant le denier de la République. »

(3) L'ordre d'exécution portait que la sentence serait exécutée à 3 h. 1/2. Cependant tout le monde s'accorde à dire qu'il était 5 h. 1/2. (?)

Elle avait froid. De temps à autre, d'un geste rapide et machinal, elle portait la main à son col. Comme Iphigénie à Aulis, elle éprouvait que rien n'est si doux pour les mortels que de voir la lumière du jour et — qui sait — pensait peut-être qu'une vie obscure vaut mieux qu'une belle mort !

Où était la lumière bleue de son enfance et de sa jeunesse, les étés à Meudon et le soleil du Clos ! Une brume glaciale montait de la Seine et, sous les marronniers des Champs-Élysées, la bise roulait les dernières feuilles mortes.

La Liberté, l'une des trois figures colossales que David avait érigées au milieu de la place pour l'anniversaire du 10 août, était restée en face de l'échafaud (1). Mme Roland se tourna vers elle et lui parla, non de son grand accent justicier, mais avec une familiarité triste, comme à une amie que l'on a beaucoup aimée et que l'on gémit de n'avoir pu sauver du plus grand des malheurs :

— O Liberté, lui dit-elle, que de crimes commis en ton nom !

Cette voix, qui allait être honteusement coupée pour toujours, s'éleva une fois encore et demanda que le malheureux Lamarche, incapable de se soutenir, fût exécuté le premier. Comme le bourreau protestait que ce n'était pas la coutume, elle le rassura :

« Je saurai attendre », dit-elle.

Deux fois le couteau tomba.

Une heure plus tard, Bosc, qui arrivait à pied de Sainte-Radegonde, entra chez Mme Sophie Grandchamps pour chercher des nouvelles. La pauvre femme sanglotait et tremblait de la tête aux pieds. Elle venait de rencontrer, dans la rue Saint-Honoré, la charrette qui emmenait Mme Roland à la guillotine.

A Rouen, le matin du 10 novembre, Roland apprit la mort de sa femme par la gazette. Instantanément sa résolution fut prise.

Il savait qu'il était incapable de vivre lorsqu'elle n'était plus.

____

(1) L'échafaud était dressé entre la statue et la grille des Tuileries.

Il quitta à 6 heures du soir ses vieilles amies les chanoinesses et prit la route de Paris. Il marcha quatre lieues. Quand
il arriva au Bourg-Baudouin, il entra dans l'avenue du château
de Radepont, s'assit sur le talus et se perça de la canne à épée
dont Bosc lui avait fait cadeau pour se défendre en cas de
besoin.

Qui que tu soies, qui me trouves gisant ici, respecte mes restes ;
ce sont ceux d'un homme qui est mort comme il a vécu, vertueux
et honnête.

Son cadavre fut enfoui au coin de la propriété et de la grand'-
route, sous un peu de terre. Des enfants vinrent longtemps
s'amuser à enfoncer des baguettes dans le sol pour sentir le corps.

La jeune Eudora, qui avait alors treize ans, ne retrouva pas
un seul objet qui eût appartenu à ses parents (1). Délicieuse-
ment jolie et douce, elle grandit, très choyée, parmi les inalté-
rables affections dont elle avait recueilli l'héritage.

Invinciblement attaché au sang de Mme Roland, presque
dès qu'elle fut morte, le bon tuteur Bosc s'éprit de sa pupille.
Il avait vingt-deux ans de plus qu'elle. Lorsqu'il vit qu'il ne
pourrait l'obtenir, il s'exila aux États-Unis où il apprit avec
désespoir qu'elle avait épousé, à quinze ans, le second des fils
Champagneux, Pierre-Léon, qui n'en avait que dix-huit.

Quant aux Girondins fugitifs, Buzot, Barbaroux, Pétion,
Louvet, Guadet, etc., ils s'étaient embarqués en Bretagne pour
Bordeaux où ils avaient trouvé la guillotine en fonction sous
Tallien.

Ils parvinrent d'abord à se cacher mais, poursuivis par Marc-
Antoine Jullien, redoutable agent du Comité de Salut public
de Paris, ils périrent tous, hormis Louvet, qui eut la chance de
s'échapper.

---

(1) Par les soins de Bosc et de Champagneux, elle fut plus tard réintégrée
dans la jouissance de ses biens. Elle conserva toujours près d'elle la bonne
Fleury si fort troublée par la douleur que le tribunal la crut folle lorsqu'il
l'interrogea après la mort de Mme Roland.

Quant au brave Lecoq, domestique des Roland, il fut guillotiné pour
n'avoir pas renié ses maîtres devant le tribunal révolutionnaire.

Entre le 19 et le 26 juin 1794, Buzot et Pétion, traqués, se tuèrent dans un champ de blé avec leurs pistolets, et des loups ou des chiens leur avaient dévoré une partie du visage quand on les retrouva.

Mais la véritable conclusion du drame est contenue dans une lettre que Buzot écrivit à son ami et confident, Jérôme Letellier d'Évreux. Dans le souterrain où il était caché avec ses amis depuis plus d'un mois chez la brave Mme Bouquey, Buzot venait d'apprendre la mort de Mme Roland et avait décidé de se tuer :

« Elle n'est plus, mon ami, elle n'est plus... les scélérats l'ont assassinée !... »

Lui aussi ne pouvait vivre sans elle. Mais Robespierre ne lui laissa pas le temps, comme au vieil époux, de choisir son heure et de marcher quatre lieues dans la campagne pour rassembler en paix des pensées dignes d'aborder, sur l'autre rive, l'ombre de celle qui n'était plus.

FIN

BIBLIOGRAPHIE

Mémoires de Madame Roland.

Correspondance de Madame Roland, publiée et commentée par Cl. Perroud.

Manuscrits conservés à la Bibliothèque Nationale. Documents conservés aux Archives Nationales et au Musée Carnavalet.

Revue critique. *Deux lettres intimes de M. et Mme Roland.*

Champagneux, *Discours préliminaire* à son édition des *Mémoires* de Mme Roland.

Étude sur Mme Roland, Dauban.

Étude sur Bosc, Cl. Perroud.

Lettres Canet. Édition Breuil.

Riouffe, *Mémoires d'un détenu pour servir à l'histoire de la tyrannie de Robespierre.*

Mortimer-Ternaux, *Œuvres.*

Aug. Rey, *le Prieuré de Sainte-Radegonde.*

Lémontey, *Étude sur Mme Roland.*

Sainte-Beuve, *Introduction aux lettres à Bancal des Issarts.*

Mémoires de Pétion.

Mémoires de Buzot.

Mémoires de Louvet.

Mémoires de Barbaroux.

Mémoires de Garat.

Mémoires de La Réveillère-Lepeaux.

Mémoires de Barras.

Collection du Père Duchesne.

Restif de la Bretonne, *les Nuits de Paris.*

Mercier, *Tableaux de Paris.*

Dumont (Étienne), *Souvenirs sur Mirabeau.*

Mme Jullien, *Journal d'une bourgeoise.*

Souvenirs de la marquise de Créqui.

Louise Colet, *Mme Roland.*

Bonneville de Marsangy, *Autour de la Révolution.*

La magistrature sous la Révolution.

Edme Champion, *Une maison oubliée.*

Clarisse Bader, *Mme Roland d'après des lettres et des manuscrits inédits.*

Revue documentaire, *Mme Roland et les Hébertistes.*

Michelet, *Histoire de la Révolution française.*

Madelin, *Histoire de la Révolution française.*

Mathiez, *Histoire de la Révolution française.*

Aulard, *Histoire de la Révolution française.*

Les orateurs de la Législative et de la Convention.

Taine, *Les Origines de la France contemporaine.*

Docteur Robinet, *Danton.*

Etc., etc.

TABLE DES MATIÈRES

PARIS. — TYPOGRAPHIE PLON, 8, RUE GARANCIÈRE. — 34060.